AF228993

LE
DÉPORTÉ DE LA MAYENNE

OU

LE BATAVE HEUREUX

PAR L'ABBÉ OUVRARD DE LA HAYE

Ancien curé de Fougerolles

INTRODUCTION

PAR E. LAURAIN

Ancien élève de l'École des Chartes
Archiviste de la Mayenne

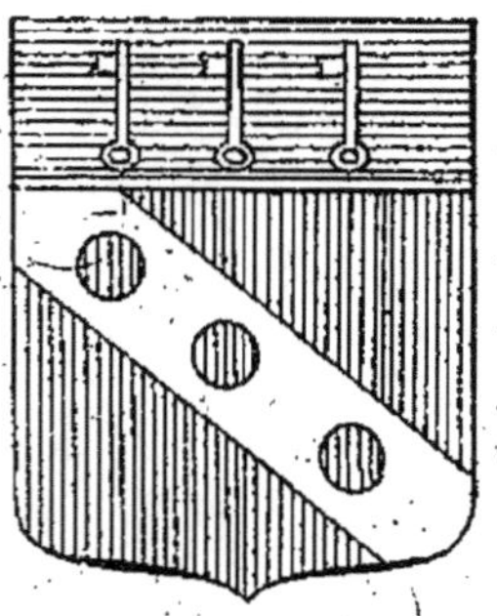

LAVAL

IMPRIMERIE-LIBRAIRIE Vᵉ A. GOUPIL

1902

LE DÉPORTÉ DE LA MAYENNE

LE
DÉPORTÉ DE LA MAYENNE

OU

LE BATAVE HEUREUX

PAR L'ABBÉ OUVRARD DE LA HAYE
Ancien curé de Fougerolles

INTRODUCTION

PAR E. LAURAIN
Ancien élève de l'École des Chartes
Archiviste de la Mayenne

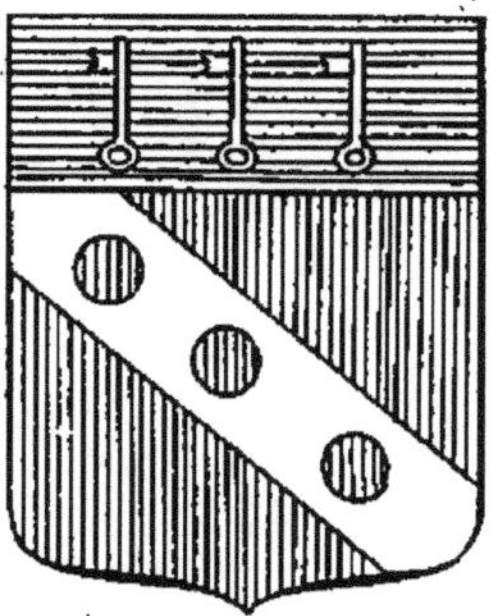

LAVAL
IMPRIMERIE-LIBRAIRIE Vᵉ A. GOUPIL
1902

INTRODUCTION

Le 9 janvier 1738, le curé de Fougerolles (1),
Mᵉ Dupont, voyait le vaisseau vaste et commode, mais sans caractère, de son église, s'em-
plir en partie d'une foule de petits bourgeois
et de notables de sa paroisse ou des environs,
au premier rang desquels se trouvait Mᵉ Jean-
Baptiste Voisin, sieur de la Ménardière, avocat
au bailliage de Goué et notaire, qu'accompa-
gnaient sa femme, Marguerite Coustard ; son
fils, Jean-Baptiste-François Voisin, sieur de la
Haie ; son beau-frère, François Coustard, sieur
de la Blinière, et sa sœur, Thérèse Voisin,
femme de Jean Vallet, sieur du Bourg. Un
peu derrière venaient Mᵉ François-Pierre Le-
vavasseur, notaire royal, Mᵉ Pierre Boisgon-
tier, Jean de Creux, Jean Jouin, prêtres et

(1) Mayenne, arrondissement de Mayenne, canton de Landivy.

vicaires de Fougerolles, et Mᵉ Joseph Gamin, clerc tonsuré. Ils venaient assister, ce matin-là, au mariage d'Anne-Marguerite-Jeanne Voisin, fille du sieur de la Ménardière, avec Gervais-Louis Ouvrard, sieur du Verger. Celui-ci, qui avait été baptisé au Mans vers 1712 (1), habitait à Mézières-sous-Lavardin (2), avec sa mère, Renée Taboué, veuve de Jean-Baptiste Ouvrard, bourgeois du Mans (3). Le contrat avait été passé à Fougerolles même devant Mᵉ Michel Hossard, notaire en ce lieu, le 28 novembre 1737, et reconnaissait à la future une dot de 4.022 livres 10 sols (4).

Le jeune ménage, la bénédiction nuptiale reçue et les fêtes qui suivirent terminées, s'installa sans doute dans la paroisse d'où la femme était originaire et dès la fin de l'année s'augmentait par la naissance d'une fille, Anne-Renée-Jeanne, dont le parrain fut l'aïeul, le sieur de la Ménardière, et la marraine

(1) Archives municip. de Fougerolles, reg. d'état religieux, acte du 28 novembre 1782.

(2) Sarthe, arrondissement du Mans, canton de Conlie.

(3) Des traditions de famille prétendent que les Ouvrard sont originaires du Mans et reconnaissent je ne sais quel lien de parenté avec Pierre Trouillart, l'auteur des *Mémoires des comtes du Maine*. Le nom figure plusieurs fois dans l'*Inventaire des minutes des notaires du Mans*, de l'abbé Esnault, et, dès 1668, nous trouvons un Jean Ouvrard, sieur de l'Hommeau, établi à Mézières où la famille fut représentée jusqu'à la fin du XVIIIᵉ siècle (Arch. de la Sarthe, E suppl., communes de Mézières et de Saint-Chéron).

(4) Arch. de la Mayenne, C, registres du contrôle, bureau de Landivy, année 1737, fᵒ 71 rᵒ.

Jeanne Taboué, veuve de Mᵉ Michel Couppel,
sieur de la Servannière, notaire royal, depuis
longtemps déjà fixée à Foügerolles (1). C'est
en cette même paroisse que naquit un an
plus tard, le 31 octobre 1739, Gervais-Jean-
Baptiste-Toussaint (2), que nous rencontrons
par la suite à Ernée comme notaire et con-
trôleur des actes, puis, quand la Révolution
eut modifié les institutions, comme receveur
de l'enregistrement.

Celui qui devait être curé de Fougerolles et
qui fait le sujet de cette courte notice, ne fut
donc qu'un cadet et, suivant la coutume, fut
destiné à l'Église. Il était né le 21 février
1741 (3), dans la même paroisse que ses deux
aînés, mais il n'y dut faire qu'un séjour de
courte durée, car dès 1743 nous trouvons, au
26 janvier, sa mère signant comme marraine
sur les registres religieux de Larchamp, et un

----

(1) Registres d'état religieux de Fougerolles, 17 décembre
1738.

(2) *Ibid.* ; parrain : Mʳ Robert Dupont, licencié ès lois, curé
de Fougerolles ; marraine : Marguerite Coustard, femme de
Mᵉ Voisin de la Ménardière, aïeule de l'enfant.

(3) « Le vingt-deuszième jour de février, par nous prestre
sous [signé], l'an mil sept cent quarante et un, a été baptisé
Jean-Baptiste-Michel Ouvrard, fils de Gervais-Louis Ouvrard,
sieur du Verger, bourgeois, et d'Anne Voisin, ses père et
mère, lequel enfant est né d'hier en et de leur légitime
mariage, et a eu pour parein Jean-Baptiste Voisin, sieur
de la Ménardière, écolier, et pour mareinne Michelle-
Térèze Voisin, dame du Bourg, lesquels parains et mareinne
ont signé le présent avec nous. » (Reg. d'état relig. de Fougerolles).

mois après, le 28 février, dans cette dernière paroisse, avait lieu le baptême d'un frère, Philippe-Gabriel-René, né le jour même et qui fut nommé par Mᵉ René-Jean-Baptiste Ouvrard, son oncle, avocat au parlement de Paris, demeurant en cette ville, rue de Savoie (1). Larchamp paraît avoir été pendant plusieurs années la résidence de la famille Ouvrard : c'est là que vinrent au monde tour à tour François-Louis, le 24 janvier 1745 ; Jeanne-Marguerite-Françoise, le 28 avril 1746 ; Louis-Gervais, le 25 août 1747 ; Protais-Pierre-Michel et Lucie-Marie-Jeanne, le 9 juillet 1749 ; c'est là, au village de la Villaine, que mourut au mois de mars 1745, à l'âge de deux ans, Philippe-Gabriel-René, dont le parrain revenait tenir sur les fonts de Larchamp un enfant de cette paroisse, le 27 février 1747 ; là encore, « au logis de la Haye », qu'était mort, le 6 juillet 1737, Jean Coustard, sieur de la Lande, survivant d'un jour seulement à sa femme, Madeleine Bizot ; là enfin qu'habitait Mᵉ Jean-Baptiste Coustard, sieur de la Haye, autre proche parent de Madame Ouvrard.

Ses alliances de famille avaient fixé en ce lieu le sieur du Verger et lui avaient peut-être

____

(1) Reg. par. de Larchamp. — Cet avocat au parlement de Paris, qui avait pour femme Marie-Françoise Gestière, fit baptiser à Mézières, le 28 septembre 1742, son fils René-Jean-François (Arch. de la Sarthe, E suppl., communes de Mézières et de Saint-Chéron).

obtenu la charge de receveur général du comte
de Bourmont, qu'il exerçait alors (1). Les propriétés territoriales des familles de la Hautonnière et de Valory étaient en quelque sorte
restées dans l'indivision et le sieur Ouvrard en
était devenu le fermier général ou le régisseur.
C'est en cette qualité que nous le voyons, en
1750 (2), résidant au château de la Hautonnière
où vinrent au monde un fils, Vincent-Alexandre, né le 22 janvier 1752, nommé par
Jean-Baptiste Cousin, sieur des Champs, officier de la dauphine, et par Marie Coustard,
veuve de M⁰ Ouen Herbert, sieur de la Paren-
tière, avocat ; et deux filles : l'une, Lucie-
Charlotte-Louise-Anne, née le 12 décembre
1754, dont le parrain fut précisément Charles-
Paul-Eugène de Valory, chevalier, seigneur
de Montaudin, et qui eut pour marraine Lucie
Goddes de Varennes, femme de Marie-Eugène
Beuve d'Auray, chevalier, seigneur·de Goué ;
l'autre, Jeanne-Marie, née le 31 juillet 1756
et nommée par le curé de Fougerolles, Jean-
Baptiste-Louis Cullin, docteur ès lois, chanoine
honoraire de Luzarches, et par Marie-Fran-
çoise-Thérèse Ouvrard, fille de René-Jean-
Baptiste Ouvrard, officier de la chambre du
roi (3).

(1) Reg. par. de Larchamp : acte du 24 janvier 1745.
(2) Arch. de la Mayenne, B 2.226, f⁰ˢ 11 r⁰, 22 r⁰ et 172 ;
B 2.227, f⁰ 2 v⁰.
(3) Reg. par. de Fougerolles. — Ce René-Jean-Baptiste

Le troisième enfant du sieur du Verger, Jean-Baptiste-Michel, avait alors quinze ans et se livrait, avec toute l'ardeur de son âge, aux exercices physiques où il faisait merveille, comme il le raconte lui-même, et où il prit toute sa vie un vif plaisir. Mais son instruction ne devait pas se borner à cela et il fallait songer à donner à son intelligence la culture qu'elle réclamait. Tonsuré en 1758, il fut envoyé au séminaire de Domfront (1), puis il obtint une des douze bourses du collège du Mans, à Paris, où il faisait sa philosophie en 1760 (2). Il mettait d'ailleurs à profit le temps que ses études le retenaient « dans cette capitale où les instructions étaient gratuites ». Les sciences surtout plaisaient à son esprit et il nous a dit quelle admiration il éprouvait pour les expériences de physique amusante qui faisaient courir tout Paris aux leçons du savant

Ouvrard, officier de la garde-robe du roi, mari de Françoise Gestière, dont le beau-père, François Gestière, était avocat à la barre ducale de Mayenne, fit baptiser à Mézières, le 18 novembre 1748, un fils, Joseph-François-Léonard (Arch. de la Sarthe, E suppl., communes de Mézières et de Saint-Chéron. — Cf. Arch. de la Mayenne, B 1.618, f° 95 r°). — Un autre « officier de chez le roi », Jean-Baptiste-Pierre-Augustin Ouvrard, avait épousé à Notre-Dame de Versailles Jeanne-Marguerite Blouin, et fit baptiser à Saint-Saturnin, près le Mans, le 9 février 1792, son fils Jean-Augustin (Arch. de la Sarthe, E suppl., p. 72).

(1) Renseignement fourni par M. Henri Chevalier, curé de Fougerolles.

(2) *Revue historique et archéologique du Maine*, t. XXXI, p. 241.

académicien noyonnais, Jean-Antoine Nollet.
Il s'y livra très exactement et passa maître
ès arts. Ce fut alors qu'il se décida définitivement pour l'état ecclésiastique. Resté au collège du Mans (1), il suivit les cours de théologie
de la Sorbonne, où il étudia en même temps
l'hébreu, et fit son droit sous l'excellent Claude
de Ferrière. Le bonnet de docteur fut la con-
sécration finale de ses travaux. Entre temps,
il recevait son titre sacerdotal sur la terre de
la Haie, en Larchamp, de son grand-père Voisin de la Ménardière.

Cette terre de la Haie, qui relevait de la sei-
gneurie de la Pihoraie et dont, croyons-nous,
il tira son nom par la suite ainsi que sa sœur
Jeanne-Marie et leur père lui-même (2), n'appartenait à la famille de sa mère que depuis
un demi-siècle. Elle avait été vendue, le 9 août
1710, par Luc-François de Boixie, chevalier,
seigneur de Guichain, à Julien Le Bigot, sieur
de la Griponnière, et à Jean Coustard de la
Lande, marchand. Les acquéreurs, outre la
métairie et ses dépendances, avaient fait com-

(1) *Revue historique et archéologique du Maine*, t.
XXXI, p. 246.
(2) Il faut dire cependant que, avant l'entrée de cette terre
de la Haie dans les biens du sieur du Verger, nous trouvons
des membres de sa famille se qualifiant du même titre que
le curé de Fougerolles; telle est par exemple Madeleine
Ouvrard de la Haye, mariée le 24 novembre 1696, à Mézières-
sous-Lavardin, avec Jean Rabinant, procureur fiscal de la
baronnie de Vernie (Arch. de la Sarthe, E suppl., commune
de Mézières).

prendre au contrat, avec ses ornements moins
le calice, une petite chapelle carrée, élevée sur
le bord de la route du village de la Haie à
'Larchamp, enclose pour ainsi dire dans un
verger, et s'étaient engagés à entretenir les
fondations et à laisser les chapelains jouir des
immeubles qui y étaient affectés, tels que le lieu
de Cotentin et la prestimonie de la Madelinais.
Le titulaire à cette époque devait être M᷎ Julien
Renault, prêtre, dont le successeur fut nommé
le 7 novembre 1725 par l'un des acquéreurs,
Coustard de la Lande, qui choisit pour ce
bénéfice, devant M᷎ Couppel, notaire royal à
Fougerolles, un parent, M᷎ François Le Bigot,
prêtre, curé de Colombiers. Celui-ci obtint de
l'évêque du Mans une ordonnance du 23 août
1729 qui autorisait la célébration de la messe
dans la chapelle, en se conformant naturelle-
ment aux statuts synodaux. Il mourut en 1731
et nous ignorons qui lui avait succédé dans
son petit bénéfice lorsque, le 18 novembre
1737, un partage sous seing privé des immeubles du sieur Coustard fit tomber la terre de
la Haie et les closeries de Cotentin et de la
Madelinais dans le lot de Jean-Baptiste Voisin
de la Ménardière et de Marguerite Coustard,
sa femme (1). L'avocat au bailliage de Goué
et de Fougerolles fit asseoir de cette manière

(1) Arch. de la Mayenne, L, district d'Ernée, délibérations
du Conseil général, f᷎ 8 v᷎.

le titre sacerdotal de son petit-fils sur son héritage, en décembre 1765; l'acte de donation en fut publié par trois dimanches consécutifs dans l'église paroissiale.

Resté à Paris et élevé à la prêtrise à une date que nous ignorons, Jean-Baptiste-Michel Ouvrard, qui logeait alors à la communauté des prêtres, paroisse Saint-Cosme, se fit présenter en 1768 à la prestimonie du Jariel, en l'hôpital d'Ernée (1). Il se livrait entre temps à l'étude des matières bénéficiales et s'occupait à la rédaction des procès-verbaux du clergé de France quand il fut nommé conseiller au Conseil supérieur de Blois. Nous avons dit ailleurs l'impopularité qui accueillit les tribunaux créés par Maupeou ; à Blois même, paraît-il, on ne se contenta pas de charivaris et d'injures, mais on jeta des pierres aux nouveaux magistrats, le jour de leur installation (2). L'abbé Ouvrard put-il prévoir de semblables scènes ou en craignait-il le renouvellement ? Nous ne savons, mais, pour des raisons particulières qu'il ne nous dit pas, il refusa la charge qu'on lui offrait. Au reste, il n'attendit que peu de temps. Le curé de Fou-

(1) F. Le Coq, *Const. civile du clergé, district d'Ernée*, p. 72.

(2) *Essai sur les présidiaux*, p. 84. — Un parent de l'abbé Ouvrard, René-Jean-François Ouvrard, lieutenant en l'élection du Mans, fut également désigné pour faire partie de ce tribunal. Il refusa de siéger et fut exilé dans le Berry ou dans le Poitou (D. Piolin, *Hist. de l'Église du Mans*, t. VII, p. 8).

gerolles mourait le 21 juillet 1773 (1). Trois
jours après l'abbé de Lonlay présentait l'abbé
Ouvrard à la cure vacante, lui donnait ses provisions le 26, et sur le vu de ses lettres, l'abbé
Périer, archidiacre de Laval, expédiait le man-
dement d'intronisation. Dès le 5 août, le titulaire prenait possession « corporelle, actuelle
et réelle », en présence de Mᵉ Guillaume Hédon,
notaire royal à Domfront, qui en dressa procès-
verbal. Le nouveau curé, « revêtu de soutane,
écrit l'officier ministériel, surply, l'étolle au
col, est entré avec nous et plusieurs personnes
par la grande porte et principale entrée dé
l'église paroissiale dudit Notre-Dame de Fougerolles, a pris de l'eau bénite, s'en est aspergé
et les assistants, est allé au grand autel, y a
fait les prières de genouil, bézé l'autel et lu
dans un livre trouvé sur iceluy, visité le ta-
bernacle et donné la bénédiction du S. Sacre-
ment ; ensuite est allé sous le Crucifix, a fait
ses prières aussi de genouil, s'est assis dans la
place destinée à MM. les curés, a monté dans
la chaire où s'annonce l'Évangille, s'y est assis,
est allé aux fonts baptismaux, les a visités, a
sonné les cloches et fait sonner ; et furent prati-
quées les cérémonies en tel cas requises (2) ».

(1) Son testament, du 30 juin 1762, désignait entre autres
exécuteurs de ses dernières volontés Gervais-Louis Ouvrard
du Verger.
(2) Renseignement fourni par M. Henri Chevalier, curé de

L'abbé Ouvrard s'installa dès qu'il le put, aussitôt qu'on eut procédé à la vente des grains et du mobilier de son prédécesseur dont il acheta une partie assez importante, en outre de quelques livres, très peu : des sermonnaires dont il se voulait aider durant son ministère ; aussitôt qu'il se fut entendu avec les héritiers pour les réparations du temporel (1). Cela valait mieux qu'un office au Conseil de Blois. La cure en effet rapportait, année commune, de 10.000 à 12.000 livres et, s'il y avait des charges, l'abbé Ouvrard put au moins jouir de ses revenus « dans une paix profonde ». Il ne s'en fit pas faute, en usant largement, avec faste même, à ce point qu'on l'appelait le petit évêque de Fougerolles et qu'il passait, aux yeux de ses supérieurs, pour avoir peu l'esprit ecclésiastique. Il ne délaissait pourtant pas le ministère, car il prêchait quelquefois et confessait (2), mais il se déchargeait volontiers de ses autres obligations curiales sur ses trois vicaires, dont il exigeait un service très actif et nécessairement laborieux dans une paroisse fort étendue ; il ne reconnaissait guère par des honoraires suffisants le travail

Fougerolles, à qui j'adresse l'expression de ma gratitude pour son obligeance.

(1) Arch. de la Mayenne, G, cure de Fougerolles. — La vente du mobilier monta à 10.419 livres 11 sols, non compris les grains qui restaient à recueillir.

(2) A. Angot, *Dict. historique... de la Mayenne*, t. III, p. 206.

qu'il leur imposait, leur donnant tantôt 100 livres, tantôt 50 écus, suivant qu'il les nourrissait ou qu'eux-mêmes vivaient à leur ménage. Il est vrai qu'ils étaient chapelains de Goué, de la Bigottière ou de Courbefosse et qu'ils trouvaient dans ces bénéfices un supplément à la rémunération parcimonieuse de leur curé (1). Celui-ci passait en outre pour sévère et peu commode et s'il est difficile, à ne lire que les pages du *Batave heureux*, écrites avec une bonhomie indéniable, de souscrire à cette appréciation, elle surprend moins à examiner le portrait au pastel que possède M. Arthur Ouvrard, de Fougerolles, petit-neveu du curé : l'œil s'enfonce sous un sourcil bas et épais, et les épaules relevées d'un habit laïque où semble vouloir se cacher un visage rasé aux bajoues commençantes, donnent à toute la physionomie quelque chose de raide et même d'un peu dur.

Un souvenir de cette raideur existe encore à Fougerolles. Passionné pour les chevaux, l'abbé Ouvrard en eut jusqu'à sept dans ses écuries qui bordaient la cour du presbytère, du côté de la rue, et ses vicaires s'en servaient quelquefois pour leurs courses à travers la paroisse.

(1) L'abbé Ouvrard n'oubliait pas de se faire pourvoir de ces bénéfices, qui se trouvaient sur sa paroisse, quand les titulaires décédaient. Ainsi il obtint en 1785 la chapelle de la Bigottière, à la mort de l'abbé François Vallet.

Un jour l'un de ces prêtres, M. Ramard, en prit un pour visiter un malade et rentra à la nuit tombante ; la monture s'engagea le pied dans les pièces mal jointes d'un petit pont et se cassa le boulet : le vicaire, le lendemain avait quitté Fougerolles. Le pont s'appelle encore aujourd'hui le Pont-Ramard (1).

Une autre fois, en 1781, l'abbé Ouvrard s'opposa à l'élection, comme examinateur des comptes de fabrique, de son beau-frère, Jean-François Voisin de la Thomassière, qui avait des intérêts avec la paroisse et devait être ré-cusé comme suspect. Les partisans du sieur Voisin protestèrent et voulurent poursuivre en diffamation, mais le curé put faire ajourner l'élection, sous prétexte que les électeurs ne se trouvaient pas en nombre suffisant. Il s'atta-qua même à deux conseillers qui faisaient cabale avec le sieur Voisin, favorisés et soute-nus par lui dans leur refus de payer une rente à la fabrique ! Ce beau-frère, avocat et notaire royal à Fougerolles, était fils de Jean Voisin, sieur de la Thomassière, et de Françoise Noury. Après un contrat, passé le 26 janvier 1775 devant Mouton, notaire à Landivy, il se ma-riait, le 21 février suivant, avec la sœur de l'abbé Ouvrard, Lucie-Charlotte-Anne de Lam-boiserie (2), qui lui apportait en dot une maison

____

(1) Renseignements fournis par M. l'abbé H. Chevalier.
(2) Reg. par. de Fougerolles.

et un jardin sis à Fougerolles, tandis que lui-
même recevait de ses parents la terre de la
Frogerie (1). Le bonheur des jeunes époux fut
de courte durée, car Lucie Ouvrard mourut le
24 mars 1776 : elle n'était âgée que de vingt
et un ans. La perte de cette sœur ne fut pas le
seul deuil que l'abbé Ouvrard eut à essuyer
avant de partir pour l'exil. L'un de ses plus
jeunes frères, Gervais-Louis, né le 25 août 1747,
à Larchamp, avait suivi les cours de droit de
l'Université de Rennes où il avait pris ses
grades de bachelier le 27 janvier 1774, et de
licencié le 5 mai suivant (2) ; il avait levé la
charge de juge civil, criminel et de police au
bailliage d'Ernée devenue vacante par le décès
de René-François Gasselinais de Chevaillé, et
s'était installé le 10 septembre 1778 (3). Dès le
mois de novembre 1779, il mourait, laissant
une veuve âgée d'un peu plus de quinze ans.
Celle-ci, nommée Marie-Julie Lucas, avait pour
père Michel-René Lucas, sieur de la Barre,
juge de diverses juridictions bretonnes et demeurant à Moutiers. Comme elle était enceinte,
il fallut nommer un curateur au ventre ; l'abbé
Ouvrard fut désigné par le conseil de famille

(1) Arch. de la Mayenne, C, reg. du contrôle, bureau de
Landivy. — La Frogerie en Fougerolles appartenait à l'époux
par sa mère ; en 1752, Pierre Noury se qualifiait sieur de la
Frogerie (Arch. de la Mayenne, B 1.618, f° 46 r°).
(2) Renseignements fournis par M. l'abbé Angot.
(3) Arch. de la Mayenne, B 1.761, f° 76 r°.

comme subrogé-tuteur (1). Sa tutelle dura peu, car la fille posthume du sieur de Lamboiserie mourut à la Guerche le 22 juillet 1783 (2).

Les frères survivants du bailli d'Ernée furent rendus par là même héritiers d'un cinquième dans la moitié des acquêts survenus pendant la communauté de leur père et de leur mère, qui étaient estimés environ 19.000 livres, et dont l'autre moitié appartenait en usufruit, suivant la coutume du Maine, à leur mère qui était devenue veuve le 27 novembre 1782 (3). Ces acquêts se composaient de plusieurs maisons sises à Fougerolles, des lieux de Godefrêne, de la Brodinière, de la Petite-Angotière, des Landes et de la Rostière, situés dans la même paroisse, et de parties des lieux de la Ménardière et de Beauvais, en Saint-Mars-sur-la-Futaie, de la Riotais en Saint-Ellier, et de Lamboiserie en Montaudin (4). Mais soit que l'administration

(1) Arch. de la Mayenne, B 1.762, f° 48, v° ; B 1.736.

(2) Arch. de la Mayenne, Centième denier, bureau de Landivy, reg. 19, f° 49 r°.

(3) « Le corps du sieur Gervais-Louis Ouvrard du Verger, seigneur de la Marquerie, de la Tripière et autres lieux, en son vivant époux de dame Anne Voisin de la Ménardière, baptisé en la ville du Mans il y a soixante-dix ans, a été inhumé par nous curé de la Dorée soussigné, en présence de M⁰ˢ François Chorin, curé de Dézertinne, de Pierre Thébaut, curé de Saint-Mars-sur-la-Futaye, et de plusieurs autres prêtres, témoins avec nous soussignés. » (Arch. municip. de Fougerolles, reg. par.).

(4) Arch. de la Mayenne, Centième denier, bureau de Landivy, reg. 19, f° 31 r°. — Plusieurs de ces immeubles avaient été acquis assez récemment par le sieur du Verger.

de ses propriétés fût trop lourde à son âge, soit qu'elle voulût éviter entre ses enfants les querelles que fait naître souvent une succession, leur mère procéda de son vivant au partage anticipé de ses immeubles, le 27 mai 1786. Dans le quatrième lot, qui échut au receveur des domaines d'Ernée, se trouvait le lieu de la Haie avec le droit de présentation à la chapelle, à charge de faire acquitter une messe par semaine (1). Nous ne savons quelle fut la part du curé de Fougerolles, mais nous pouvons dire qu'à l'exemple de son père, il prit soin d'accroître son héritage. C'est ainsi, entre autres choses, que le 24 septembre 1785, il achetait de René-Augustin Billot de Jousse, feudiste à Lévaré, le sixième de la terre du Grand-Rasmay, en Saint-Berthevin (2); que, le 21 juillet 1786, il se rendait acquéreur sur Jean Gaumeraye, d'immeubles sis à la Rostière (3);

Signalons entre autres l'achat de la closerie de la Blanchelande, en Fougerolles, du 21 mars 1770, dont il cédait la moitié à Gilles Le Bigot le 17 septembre suivant; un échange d'héritages au lieu de Lamboiserie, le 21 novembre 1771; la licitation, le 4 septembre 1773 et le 5 décembre 1774, d'immeubles dépendant de la succession de François Voisin, curé de la Brulatte, et de Michelle-Thérèse Voisin, femme de François Vallet, consentie par Antoine-Michel Liard-Ménardière et Julien Lemonnier (Arch. de la Mayenne, Centième denier, bureau de Landivy, reg. 14, f°° 15 r° et 29 v°; 15, f°° 73 r°, 88 v° et 89 r°; 16, f° 29 r°; 17, f° 9 v°).

(1) Arch. de la Mayenne, L, district d'Ernée : délibérations du Conseil général (1791-1793), f° 8 v°.

(2) Arch. de la Mayenne, C, reg. du contrôle; bureau de Landivy, 19° reg., f° 111 r°.

(3) *Id.*, *ibid.*, f° 129 r°.

que, le 11 décembre de la même année, Denis Pichon lui cédait une maison avec jardin au bas du bourg de Fougerolles (1), qu'il revendait le 13 novembre 1787 (2), cession suivie quelques jours plus tard d'une autre au profit de Mᵉ Pierre Brault de la Roirie, notaire et avocat royal ; qu'enfin, le 6 avril 1786, il achetait au prix de 5.572 livres une maison sise à Ernée, par acte passé devant Houdmon, notaire à Craon. Avec cela exact à percevoir les dîmes « très onéreuses par elles-mêmes », lourdes aussi par la manière dont elles étaient perçues, car il ne permettait pas de battre ce qu'il fallait de paille pour faire des liens aux gerbes ; il exigeait les droits d'inhumation sur le tarif des curés de ville, alors que ses voisins, jouissant d'un revenu plus modique cependant, se réglaient sur le petit tarif (3).

Au reste, si l'abbé Ouvrard augmentait sa fortune avec une sorte d'âpreté qu'on devine à travers les doléances de ses paroissiens, et s'il la régissait avec intelligence, il en usait de même avec les biens de sa cure, et les quelques délibérations du conseil de fabrique qui sont demeurées nous le montrent administrateur pratique et dévoué. Nous venons de le voir

(1) Arch. de la Mayenne, C, reg. du contrôle ; bureau de Landivy, 19ᵉ reg., fᵒ 143 rᵒ.
(2) *Id.*, *ibid.*, fᵒˢ 170 vᵒ et 171 rᵒ.
(3) A. Bellée et V. Duchemin, *Cahiers des plaintes... des paroisses... du Maine*, t. II, p. 315.

combattre énergiquement l'élection de son beau-frère comme examinateur des comptes, l'intérêt de la paroisse s'opposant à cette élection. Il agit avec la même exactitude durant son ministère. En 1783, il dresse l'inventaire de la bibliothèque de la sacristie, sans valeur d'ailleurs et peu fournie, et fait exécuter nous ne savons quel travail au pignon de la chapelle de la Vierge. En 1784, il provoque l'achat « d'un drap mortuaire, d'une maîtresse chappe, d'une chasuble et d'une étolle de cérémonie, de quatre aubes et de deux rochets », les anciens ornements se trouvant en partie hors d'état de servir honorablement et ayant été au reste, ce qui n'est pas tout à fait à sa louange, interdits par l'évêque ou par le doyen rural. L'année suivante, il représente que les arbres fruitiers sont en si grand nombre dans le cimetière et ont poussé avec une telle vigueur, surtout au nord et à l'est, qu'il n'est plus guère possible d'y faire la procession sans dommage pour les ornements du culte, et sur cette remontrance on élague les poiriers et les pommiers qui ne peuvent pas être déplacés, ou l'on replante ailleurs ceux dont la grosseur n'empêche pas la transplantation. D'autres travaux sont décidés à l'église : on répare le beffroi de la grosse cloche, on procède à la réfection de la charpenterie qui couvre la chapelle Saint-Mathurin. La fabrique veut même mettre les frais de cette réfection à la charge de la mère du curé, mais celle-ci proteste et établit à l'aide des « titres fondatifs » que, si les sieurs de la Ménardière, ses auteurs, ont fait construire la chapelle en question du consentement des seigneurs de Goué et avec l'assentiment des habitants, à condition d'y avoir « un banc à accoudoir et droit de sépulture », ils n'étaient tenus qu'aux réparations volantes et que celle de la charpente ne lui incombe pas.

Avec cela, charitable à l'occasion. Dans une année de disette excessive, il fit établir la terrasse plantée de tilleuls et de charmille qui termine le jardin du presbytère ; tous les pauvres de la paroisse, y compris les enfants, furent embauchés et reçurent de cinq à dix sous par jour. Mais de cette allée ombreuse et agréable, l'abbé Ouvrard ne put guère jouir. La Révolution était venue et si quelques-uns des siens, comme le receveur d'Ernée, y trouvèrent leur profit, lui n'y rencontra que des mécomptes : la nationalisation des biens du clergé, la constitution civile et le serment, la déportation.

Il fallut d'abord procéder à la révision de son traitement. D'après les comptes fournis par lui-même au district d'Ernée, le revenu brut de sa cure fut fixé à 8.300 livres ; mais il était grevé de diverses rentes dont le total montait à 300 livres ; du traitement de deux vicaires (Fougerolles comptant alors 1.703 habitants), soit 1.400 livres ; des frais d'exploitation estimés environ 1.200 livres, et de 435 livres pour le vingtième des réparations. Le revenu net n'était donc plus que de 5.381 livres et il servit à fixer son traitement annuel à 3.291 livres 10 sous 6 deniers. A cette somme s'ajouta celle de 293 livres 10 sous pour son traitement comme titulaire de la chapelle du Jariel, dont le revenu net montait à 165 livres, et comme titulaire de la chapelle de la Bigottière, qui valait 422 livres de revenu net (1), et de l'oratoire de laquelle on demandait la conservation lors de la nouvelle délimitation des paroisses (2).

L'abbé Ouvrard luttait de son mieux contre le dépouillement légal de sa cure et de la fabrique. Il essayait de faire conserver à la municipalité de Fougerolles la maison qui dépendait du temporel et qui avait été construite pour le logement d'un maître d'école ; mais la commune n'avait pas fait les soumissions nécessaires et la vente définitive dut avoir lieu le 4 mars 1791 (3). En même temps il introduisait auprès du département une demande en surséance à la vente du pré de la

(1) Arch. de la Mayenne, L, arrêtés du directoire du département, regist. II, f° 111 v°, et IV, f° 30 r°.
(2) *Ibid.*, formation des paroisses.
(3) Arch. de la Mayenne, L, district d'Ernée, délibérations de 1791-1793, f° 25 v°.

Gaucherie, en la Dorée, qui avait été réuni à
la cure de Fougerolles le 23 avril 1726 ; mais
comme il avait compris ce pré dans l'état des
revenus de la cure pour établir son traitement,
il fut débouté de sa demande (1). Son frère, le
sieur de la Marquerie, était plus heureux dans
une revendication analogue : il s'agissait de
la chapelle de la Haie que la municipalité de
Larchamp avait fait comprendre au cahier des
biens religieux à vendre sur son territoire. Or
c'était un oratoire domestique, non décrété,
et sur la communication des titres qui l'éta-
blissaient d'une façon claire, le comité ecclésiastique fît restituer au receveur d'Ernée son
bien patrimonial.

Mais des préoccupations plus graves agitaient le clergé. La Constitution civile avait
été sanctionnée par le roi le 24 août 1790 et
l'Assemblée nationale avait décrété, le 27 novembre suivant, que tous les prêtres en exercice prêteraient le serment exigé par la loi.
Les administrateurs du département de la
Mayenne, dès le mois de janvier 1791, pres-
crivirent à tous les prêtres de s'y conformer.
La grande majorité du clergé refusa d'obéir à la
constitution civile que l'on considérait comme
schismatique et hérétique. L'entente fut à peu
près unanime sur le fond, mais il n'y eut plus

(1) Arch. de la Mayenne, L, arrêtés du directoire du département, regist. II, f° 112 v°.

unité dans la manière d'exprimer la répulsion qu'on éprouvait à faire le serment : les uns refusèrent, les autres prêtèrent ce serment avec restriction ou préambule. Dans la famille Ouvrard, trois lignes de conduite différentes furent suivies. Des trois frères qui étaient prêtres, l'un, Vincent-Alexandre Ouvrard de la Blinière, chanoine de la Congrégation de France, d'abord vicaire à Orléans, ensuite prieur à Marcilly-en-Villette (1), aurait prêté le serment pur et simple, sous prétexte qu'il pouvait bien faire ce qu'avait fait son évêque (2). L'autre, Louis-François Ouvrard de la Ménardière, aussi chanoine de la Congrégation de France, prieur de Saint-Saturnin, près le Mans, refusa énergiquement tout serment, fut incarcéré à Angers et de là déporté, le 9 octobre 1792, sur le vaisseau l'*Aurore*, à la Corogne (3). Le curé de Fougerolles prit un moyen

(1) Loiret, arrondissement d'Orléans, canton de la Ferté-Saint-Aubin.

(2) Je tiens ce renseignement de M. l'abbé Chevalier, qui ajoute : « Il se réfugia à Paris, où il était encore en 1802, où il se rétracta et où il vivait d'une pension de 1.000 francs que lui faisaient ses frères et sœurs. » Mais d'après des notes de famille, il aurait été déporté en Allemagne et, rentré en l'an X, aurait été nommé desservant de Champigny (Seine, arrondissement de Sceaux), où il serait mort en 1813.

(3) Réfugié ensuite à Saint-Jacques-de-Compostelle, il y resta jusqu'en l'an IX, rentra alors à Saint-Saturnin et y mourut au mois de septembre 1805. La bibliothèque municipale du Mans possède un manuscrit sous le titre de « *Recueil des principaux événements de plusieurs histoires en abrégé* », catalogué sous le n° 183 (70 feuillets, papier, 0 m. 173

terme et, le 21 février 1791, à la messe paroissiale, conformément à la loi, il adressa à ses concitoyens les paroles suivantes :

« Amenés ici, mes frères, par le décret qui ordonne le serment et placé, dès qu'il fut à ma connoissance, entre la crainte et l'espoir, je ne me suis décidé à le prononcer qu'après les réflexions les plus terribles et que par le désir d'une paix religieuse et nationale sans lesquelles la patrie seroit dans le plus grand danger.

« Mais quel seroit ma douleur si, contrariant les vues impénétrables de la Divinité, j'avois le malheur dans cet instant, en voulant faire le bien, de nuire à ma religion et à ma patrie ! Mais éloignons ces tristes réflexions et disons que deux espèces de loix font aujourd'huy la grande difficulté, savoir les divines et les humaines, l'union des deux faisant entièrement le bonheur de l'homme chrétien et social. Les ministres du Seigneur [doivent veiller à l'exécution] des premières, et la société civile des secondes. Fasse le Ciel que chacun, réservé dans les limites qui sont fixées par la main de Dieu, exécute tout le bonheur général de la société.

sur 0 m. 115, relié en veau) et datant de 1772. Le prieur de Saint-Saturnin doit en être l'auteur.— L'inventaire des archives départementales de la Sarthe, série E supplément, p. 72, ne mentionne pas sa présence à Saint-Saturnin, où il dut arriver après 1783 et où un de ses parents recevait le baptême le 9 février 1792.

« Tranquillisé jusqu'à un certain point par le décret du 26 janvier qui respecte l'œuvre de Dieu, la foy et ses dogmes, qui reconnoît le pape chef visible de l'Eglise, qui reconnoît une authorité spirituelle à laquelle on ne veut attenter, tranquilisé, dis-je, par l'espoir de la paix et du bonheur général comme citoyen et chrétien et inviolablement attaché aux dogmes de la foy, je jure de veiller avec soin sur les fidelles dont la conduite m'a été ou me sera confiée, d'être fidèle à la nation, à la loy et au roy et de maintenir de tout mon pouvoir la constitution décrétée par l'Assemblée nationale et acceptée par le roy en tout ce qui n'est pas contraire à la religion à laquelle je suis attaché pour la vie.

« Tel est mon serment, mes chers paroissiens. S'il est agréable à Dieu, je seray le plus heureux des hommes, je le béniray de toutes mes forces, vu qu'il est analogue à ma façon de penser et à ma conscience. Si j'avois le malheur d'être séparé de vous, je vous porterois dans mon cœur ; il se croiroit toujours votre pasteur et vous seriez sans cesse mes brebis.

« Vous m'êtes unis par les sentiments les plus tendres. Je n'oubliray jamais que je suis né dans cette paroisse, que Dieu m'i a placé votre pasteur depuis dix-huit ans sans y avoir jamais eu le moindre désagrément. Si donc je n'étois plus à la tête de cette paroisse, je me flatteroy toujours d'être citoyen comme vous, votre voisin et votre amy ; j'ose le croire, mes frères, et vous demander cette satisfaction. Vous trouverez toujours les mêmes conseils, même empressement à vous obliger ; en un mot je vous auray toujours dans mon cœur jusqu'à la mort (1). »

Les serments avec préambule ou restriction furent considérés comme nuls et bientôt, au lieu de se contenter de la séparation de l'Eglise et de l'Etat, à quoi devait aboutir logiquement la Déclaration des droits de l'homme, on en vint à la persécution religieuse. Ce fut la Bretagne qui commença. Dès le 21 avril 1791, le département du Finistère prit un arrêté qui ordonnait à tout prêtre non conformiste de s'éloigner au moins de quatre lieues de l'endroit où il exerçait son ministère avant la Constitution civile (2). Ailleurs on pourvut au remplacement des insermentés, tout d'abord. On fit ainsi dans la Mayenne.

L'abbé Ouvrard resta à la tête de sa paroisse jusqu'au mois de juillet de l'année 1791 (son dernier acte signé est du 28 juin), et dut se retirer devant le prêtre constitutionnel, Ange Destais, ancien bernardin de l'abbaye de la Vieuville, au district de Dol, qui fut installé

(1) Arch. de la Mayenne, L 122.
(2) L. Sciout, *Hist. de la Const. civile du clergé*, t. II, p. 42.

le 7 août suivant (1). Il habita dès lors une maison près de la cure, où demeurait sa mère. Il venait de vendre pour 1.500 livres, à Françoise Ouvrard, veuve Voisin, les immeubles qui lui appartenaient aux environs de la Gauterie, acquis par lui jadis sur Julien Tréhet (2) et, un peu plus tard, comme tout contribuable qui veut bien acquitter l'impôt, mais le moins possible, il introduisait devant le district d'Ernée une demande en réduction de taxe sur le rôle d'acompte de l'année 1791 ; il en était débouté parce qu'il était notoirement connu pour avoir plus de 2.000 livres de revenu dans sa paroisse et qu'il aurait dû, disait l'administration, supporter une taxe plus forte (3).

Mais les événements se précipitaient. Le

---

(1) Arch. de la Mayenne, L, district d'Ernée, délibérations du directoire, 1er reg., fo 42 ro. — Ange Destais était né à Landivy en 1757 de Nicolas Destais, notaire, et d'Anne Chaperon. Membre du conseil général de la commune, il prenait les qualités d'officier public et de curé conformiste ; commandant de la garde nationale, il aimait à paraître dans les assemblées le sabre au côté. Dans une délibération à laquelle il assistait le 16 septembre 1792, il fut décidé, suivant l'abbé de Marseul, « que la croix et l'ostensoir d'argent seraient vérifiés et... vendus et le prix en provenant suivant leur pesanteur, employé en acquisition d'armes comme fusils et piques ». Il disparut vers 1795, se réfugia à Paris, se fit garçon apothicaire à la Porte-Saint-Denis, revint à Landivy où sa mère résidait et exerça ensuite en qualité de vicaire dans cette paroisse.

(2) Acte du 29 juillet 1791, devant Voisin, notaire royal à Fougerolles.

(3) Arrêté du directoire du district d'Ernée, du 22 novembre 1791 (Arch. de la Mayenne, L, délibérations du district d'Ernée, 1er registre, fo 62 ro).

23 mars 1792, le département ordonnait à tout prêtre insermenté de se rendre à Laval pour y être soumis à un appel quotidien et l'Assemblée nationale, le 27 mai suivant, généralisant divers arrêtés particuliers pris par quelques directoires, décrétait la déportation de tout prêtre réfractaire, lorsqu'il y aurait une plainte portée contre lui par vingt citoyens actifs ; bientôt le directoire départemental de la Mayenne, renchérissant sur son arrêté du 23 mars, ordonnait, le 20 juin, l'incarcération des prêtres réfugiés à Laval. L'abbé Ouvrard n'avait pas obéi à l'ordre du directoire. Depuis l'arrivée du curé constitutionnel, il disait la messe régulièrement dans la petite chapelle familiale de Saint-Mathurin et ne se cachait pas : le 7 juillet 1792, le directoire du district d'Ernée prenait même à son endroit un arrêté dont les termes ne marquent pas tout le mauvais vouloir que, à cause de sa situation d'insermenté « non réfugié », on aurait pu lui témoigner. Il avait demandé pour l'année 1790 le paiement de la rente de 165 livres assise sur l'hôtel de ville de Paris et dépendant de son bénéfice du Jariel ; la réduction de ses impôts pour l'exercice de 1790, et le paiement de sa pension de retraite comme ancien curé. Le directoire le débouta à nouveau, car l'abbé Ouvrard avait dû faire toute diligence pour être payé de sa rente, et l'administration ne voulait pas être

dupe de sa négligence ; elle l'avait déjà débouté d'une demande en réduction de taxe et les circonstances n'ayant pas changé, il n'y avait pas lieu de délibérer ; quant au paiement du revenu de ses bénéfices, il n'y pouvait plus prétendre, car ils avaient été employés dans son traitement de curé ; par là même qu'il avait refusé le serment constitutionnel, il avait renoncé à tout traitement et devait s'en tenir à la pension de retraite accordée par la loi, et s'il éprouvait quelque retard dans le paiement de cette pension, il ne pouvait s'en prendre qu'à lui-même, car il n'avait pas fait recevoir encore les réparations bénéficiales (1). Peut-être avait-il montré quelque imprudence en attirant ainsi d'une façon intempestive l'attention sur soi et, pour éviter l'incarcération à laquelle cinq cents prêtres environ furent soumis, il dut fournir au directoire du département un certificat médical constatant qu'il était « affligé d'une indisposition à la suite d'une fistule à l'anus » et qu'il se trouvait dans l'impossibilité de se rendre à Laval. Ce certificat avait été signé par le médecin Destais, parent de l'abbé Ouvrard, et confirmé par l'assertion du curé constitutionnel que la présence de son prédécesseur, « loin d'être nuisible à la tranquilité publique ne pouvait que

(1) Arch. de la Mayenne, L, délibérations du directoire du district d'Ernée, 1er regist., fo 137 vo.

la servir ». Aussi l'administration départementale autorisa-t-elle l'abbé Ouvrard à rester à Fougerolles tant qu'il n'existerait aucun trouble et qu'il ne s'élèverait aucune plainte fondée contre lui (1). D. Piolin (2) lui reproche la situation exceptionnelle dont il jouit par ce moyen et l'accuse d'avoir scandalisé sa paroisse par ses rapports journaliers avec le curé Destais ; le reproche est peut-être un peu excessif ; nous ne croyons pas qu'il faille voir dans le certificat de l'assermenté tout ce qu'on y a vu et peut-être doit-on tenir compte davantage de cette assertion du *Batave heureux* que « le jureur eut quelque plaisir à être débarrassé d'un témoin dangereux ».

Cela ne tarda pas. La loi du 26 août ordonna en effet que tout ecclésiastique insermenté devait sortir sous huit jours de son département, et sous quinze jours du royaume. Conformément aux prescriptions de cette loi, l'abbé Ouvrard fit publier son intention de partir pour l'Angleterre, par Saint-Hilaire-du-Harcouët, Granville et Jersey. Mais avant de quitter la France, il voulut régler ses intérêts temporels, en cela plus prévoyant que la plupart de ses confrères qui, au dire de l'un d'eux, son voisin le curé de Vieuvy, Jacques Fleury,

(1) Arrêté du 27 juillet 1792 (Arch. de la Mayenne, L, délibérations du directoire du département, 13ᵉ reg., fᵒ 123 rᵒ).
(2) *Hist. de l'Eglise du Mans*, t. VII, p. 446.

regardaient la Révolution comme une affaire de trois mois (1). Il fit, le 12 septembre, à son frère Gervais-Jean-Baptiste Ouvrard de la Marquerie et à son beau-frère Guérif-Bisolais, moyennant une somme de 6.000 francs et une rente de 1.200 francs, la vente fictive de tous ses biens que, en réalité, ils se contentèrent d'administrer comme régisseurs. Et puis ce fut l'exil.

Au mois de septembre 1792, des convois de prêtres sillonnaient les routes qui menaient à des ports d'embarquement ; ils étaient souvent attaqués par des terroristes ou par des volontaires qui ne demandaient qu'à les maltraiter et à les piller et même à les assassiner. Tous pouvaient dire, au moment du départ, comme ce curé de Normandie dont M. Victor Pierre a retracé la vie : « Pas un de nous n'avait sauté dans le bateau sans éprouver le même plaisir qu'on goûte à saisir une planche après le naufrage. La gaieté rayonnait sur nos fronts (2) ». Il en fut ainsi pour l'abbé Ouvrard lorsqu'il s'embarqua à Granville pour Jersey.

Nous ne le suivrons pas dans cette île dont il nous a donné une description un peu terne et bien inférieure à celle qu'en a laissée le curé

(1) *Mémoires de Jacques-Pierre Fleury*, p. 100.
(2) V. Pierre, *Un curé de Normandie réfugié en Angleterre* (*Revue des Questions historiques*, t. LXVIII, p. 472).

de Vieuvy et où les prêtres qui s'y réfugièrent menèrent une vie assez tranquille ; nous ne le suivrons pas non plus en Angleterre où on les conduisit par la suite et où, avec deux chapelles pour célébrer leur culte, chantant l'office comme en France, prêchant, catéchisant les enfants des émigrés et des Toulonnais, ils eurent un peu de mal à vivre, car tout y était cher excepté le pain et la viande (1). L'abbé Ouvrard les y avait devancés de plusieurs mois et, au lieu de rester à Southampton et à Wincester, il était allé à Londres puis s'était embarqué pour les Pays-Bas. Le lecteur trouvera dans le *Déporté de la Mayenne* le récit de ses aventures : il est inutile de nous attarder là-dessus.

Mais quoique, après bien des traverses, il se trouvât enfin heureux dans l'hospitalière Hollande, il n'avait qu'un désir, rentrer dans son pays qu'il avait quitté avec allégresse. « Ah ! qui de nous, a-t-il écrit quelque part, s'est trouvé à 6.000 lieues de chez lui et n'a pas éprouvé cette angoisse de l'âme qui fait sentir le désir d'embrasser les siens ? Qui de nous en partant pour s'en rapprocher, n'a pas senti ce doux frémissement que produit l'espoir de revoir sa patrie ? (2) » Il y revint comme

(1) Arch. de la Mayenne, L 124. Lettre adressée à des habitants de Bonchamp par le vicaire Jean Verger, saisie à Laval le 20 mai 1797.

(2) *L'art de la navigation orientale*, p. 322.

marchand de biens nationaux. A la paix il reprit son ministère à Fougerolles, où il resta trois ans, occupé à rebaptiser, à réhabiliter les mariages, vivant dans la plus grande intimité avec tous. Mais à la longue, fatigué sans doute, attaqué par la fièvre et par la goutte, il finit par abandonner le ministère actif et résilia sa cure à son vicaire, M. Feillet, qu'il avait rappelé d'Allemagne. Il se retira à Paris dans sa maison du faubourg du Temple, rue du Marais, n° 1, pensant y trouver le calme et le repos, qu'il n'y rencontra pas, si bien que le 4 prairial an XII, il achetait devant M⁰ Vatin, notaire à Senlis, d'Antoine-Michel Lefèvre et de Marie-Françoise Préjean, femme de celui-ci, une propriété à Villemétrie, faubourg de Senlis, qui pût lui donner ce qu'il avait vainement cherché à Paris.

Jean de Jandun, maître ès arts au collège de Navarre, écrivait en 1328 : « Etre à Senlis, c'est être dans des jardins arrosés d'eaux vives, dans des vergers fleuris, dans des potagers fertiles ; être dans de vastes prairies où l'agréable verdure de l'herbe naissante et la variété charmante des fleurs qui l'émaillent de leurs couleurs, présentent à l'homme un riant tableau... Etre à Senlis, c'est exister et vivre au milieu d'un peuple paisible, doux, aimable et sûr. Et pour en finir en un mot, tous les genres de bien que Dieu, la nature et l'art ont pro-

duits pour les usages et la commodité des
hommes, se trouvent réunis pour l'agrément
de Senlis. au point que la beauté de la céleste
patrie et la douceur de la joie du paradis semblent représentés par cette ville (1). »

Sous une forme moins dithyrambique; le
témoignage de l'abbé Ouvrard est le même à
l'endroit de cette ville « agréable et tranquille,
remplie d'honnêtes gens », dont la société lui
fut si précieuse. Dans sa demeure, couverte
en tuiles, sise vis-à-vis du pont de Villemétrie,
dans laquelle on pénétrait par une porte co-
chère et qui se composait de la maison d'habitation proprement dite, de granges, d'écuries
et d'étables, d'une bergerie et d'un colombier,
avec deux clos de terres labourables et deux
jardins donnant sur le chemin de Montlévêque
et sur la rue de Chamant (2), il vécut dix-sept
ans, sans contradiction, sans désagrément que
le logement de troupes étrangères à la chute
de Napoléon, sans autre ambition que la croix,
qu'il ne put obtenir.

Il occupait d'ailleurs ses loisirs d'une façon
intelligente, cherchant à réunir en petits vo-

(1) C. Vatin et E. Dupuis, *Senlis, récits historiques,* p.
122 et suiv.

(2) Cette maison appartient aujourd'hui à Mme de Maricourt. — Les renseignements sur le séjour de l'abbé Ouvrard
à Villemétrie m'ont été fournis par mon excellent et vénéré
collègue du Comité archéologique de Senlis, M. Margry, qui
veut bien m'appeler son ami ; c'est une nouvelle occasion
pour moi de le remercier de son obligeance inlassable.

lumes les connaissances qu'il avait acquises, et à perfectionner une machine agricole qui, dans sa pensée, devait rendre de grands services à ses compatriotes. Etre utile, c'est le but qu'il poursuivait dans chacune de ses œuvres, c'est celui qu'il avouait notamment dans son premier volume, le *Manuel d'équitation et de géographie* (1). Ce livre est dédié à la jeunesse française, à qui il voulait « rendre facile les progrès dans l'art » de l'équitation et chez qui il souhaitait susciter le goût et le désir de se perfectionner à l'école des grands maîtres. La méthode qu'il indiquait lui avait réussi parfaitement, assurait-il, en pays étranger, et au-delà de tout espoir, défiant, ce qui est assez piquant de la part d'un ecclésiastique, les académies hollandaises de donner des principes plus clairs et mieux raisonnés que les siens. Son livre s'étend à « tout ce qui convient et tout ce qui est nécessaire pour disposer l'élève au manège et faciliter ceux qui, ne trouvant aucun maître, soit à cause des localités, soit à cause des moyens, se trouvent dans l'impossibilité de pouvoir s'instruire... » Mon incompétence en la matière m'empêche d'apprécier ce petit traité qui occupe les cinquante-deux premières pages du volume. Il est suivi de quelques notions de géographie. Cette science s'enseignait depuis plusieurs années

(1) Paris, Cordier, 1817, in-12, XII-108 p.

dans les petites écoles et, en allongeant son manuel d'équitation de ce petit traité, l'abbé Ouvrard voulait être utile particulièrement aux habitants de la campagne qui n'avaient ni le temps ni les moyens de s'instruire à grands frais. Le profit qu'en retirèrent ces élèves dut être médiocre, car après quelques remarques très sommaires sur les termes techniques, les mers, les golfes et les détroits de l'Europe, l'auteur se jette dans l'Afrique et dans l'Amérique, supposant « les différentes possessions des Français comme avant la Révolution, ignorant les différentes cessions et arrangements qui peuvent avoir eu lieu dans ces pays ».

Beaucoup plus pratique est son volume sur l'*Art de la navigation orientale et du commerce* (1). Le but qu'il s'y propose est de « donner des connaissances précises du commerce dans les îles orientales, des bénéfices que l'on peut retirer des marchandises et productions de chaque lieu, de leur qualité et du débit que l'on peut faire, soit dans l'importation, soit dans l'exportation, et des lieux les plus favorables pour y aborder et s'y établir... On y verra, ajoute-t-il, les avantages des Français dans l'Inde avant la Révolution, leurs établissements et acquisitions considérables dans cette belle et riche partie du monde, leur

____

(1) Senlis, Tremblay, 1821, in-12, XXIV-333 p. et 5 p. de dédicace.

noble et généreuse représentation, et comment, après tant de gloire et de richesse, cette belle nation a perdu de si brillants avantages ; un coup d'œil sur la conduite d'un conseil à la distance de 6.000 lieues d'une compagnie dont les ordres, dans des circonstances pressantes, n'arrivaient souvent que dix ou onze mois après le dénouement forcé des affaires dont on demandait conseil aux directeurs ; sur la jalousie et le peu d'intelligence entre les chefs tant des gouvernements que des commandants militaires... » Tous ces renseignements historiques ou commerciaux ont été puisés dans les ouvrages de Raynal, de Lacretelle, de l'abbé Morellet, et surtout dans les ouvrages d'un ami de l'abbé Ouvrard, l'ingénieur Côssigni, membre de l'Académie des sciences. L'auteur indique pour chaque pays de l'Inde la position, la configuration du territoire, la constitution du sol, les productions naturelles ou industrielles, les marchandises qu'on en peut tirer ou qu'on y peut vendre ; bref, c'est un véritable manuel commercial, dont la sécheresse se tempère quelquefois d'un mot pittoresque ou d'un détail de mœurs, un manuel qui ne s'interdit pas de traiter à l'occasion de questions plus générales, telles que celle de la liberté du commerce. L'abbé Ouvrard y expose les arguments de ceux qui soutenaient les monopóles, et les arguments de ceux qui les com-

battaient et, se déclarant partisan des sociétés
libres, finit par s'écrier : « Oui, s'il existe
jamais une nation assez puissante pour pouvoir commander la liberté des mers et celle du
commerce, elle sera la libératrice du monde.
Son chef auguste pourra être proclamé à juste
titre le bienfaiteur des nations, l'ami de l'humanité, le héros de la liberté ! » Ce héros, il
n'est pas loin de le reconnaître en Louis XVIII,
qu'il salue comme le restaurateur de la marine
française, au chef de laquelle le volume est
dédié (1). La foi politique a de ces indulgences
ou de ces illusions. Et celle de l'ancien curé
de Fougerolles était faite d'un profond amour
à l'endroit des Bourbons. Il en a consigné
l'expression en plusieurs passages de ses écrits
et le meilleur témoignage nous paraît en être la
phrase qui termine le *Déporté de la Mayenne*.
« Mon unique bonheur, assure-t-il, était de
revoir mon Roi ; je l'ai vu dans son palais, et
versant des larmes d'hilarité, j'ai dit : « Je
« suis heureux et je mourrai content. »

Il tint parole. Il venait de recevoir du prince
de Condé, au commencement de l'année 1821,
une lettre remplie d'attention, quand il lui prit
fantaisie de présenter soit à Louis XVIII en
personne, soit à la duchesse d'Angoulême, l'un
de ses ouvrages, *le Déporté de la Mayenne*, dit-
on. Il partit pour Paris, sollicita une audience

(1) Le duc d'Angoulême, grand amiral.

et l'obtint. La joie fait mal. Lorsqu'il apprit qu'il allait être reçu, le 15 avril 1821, l'émotion fut si vive qu'il tomba frappé d'apoplexie dans l'hôtel où il était descendu (1).

De ce troisième ouvrage, qui causa sa mort, le second dans l'ordre chronologique, nous ne dirons rien. Le lecteur qui l'a entre les mains pourra se rendre compte que, si l'on trouve dans le style de « la franchise » et du « naturel », on y rencontre aussi des incorrections qui parfois atteignent jusqu'au galimatias ; les formules toutes faites y abondent et quand l'auteur s'essaie à la poésie, ses vers sont si détestables, dénués parfois même de rime, qu'on ne sait ce qu'il faut le plus admirer ou de l'ingénue suffisance du versificateur ou de la naïve confiance des hollandais, ses « concitoyens », à recevoir ses couplets ; mais on y pourra aussi relever plusieurs traits de la

(1) Il laissait pour héritiers, sous bénéfice d'inventaire, Pierre-Michel Guérif, propriétaire à Fougerolles ; Pierre-Robert Tanquerel, maire de Fougerolles, mari de Louise-Gabrielle Guérif, demeurant au hameau de la Blanchelande (Fougerolles) ; et Grégoire Guérif-Lamboiserie, demeurant en la même commune. L'adjudication de la maison de Villemétrie se fit le 26 juillet 1821, moyennant un prix principal de 11.500 francs, à Nicolas-Marie Dupuis, meunier, époux d'Anne-Victoire Lefèvre, qui rétrocédèrent, par acte passé devant Guibourg, le 23 octobre 1824, au prix de 25.000 francs à Antoine-Frédéric Lécluse, propriétaire à Paris. Celui-ci y fit faire des embellissements, arrangea le parc et revendit à Jean-Pierre-Joseph-Vincent Bonneau de Launay, officier de la Légion d'honneur. Cette propriété échut par succession à Madame de Maricourt, à qui elle appartient aujourd'hui.

physionomie de l'abbé Ouvrard, en somme plus sympathique que ne laisse supposer le portrait au pastel, l'âge ayant émoussé certains angles et assoupli certaines lignes, et si le « petit évêque de Fougerolles » paraît dans son livre toujours amoureux du luxe, un peu querelleur, volontiers naïf, même étourdi, il se montre aussi curieux, avec de l'entregent, plaisant, spirituel, délicat et obligeant confrère. Ses mémoires au reste se lisent facilement et si, en ce qui concerne le séjour des prêtres déportés à Jersey et en Angleterre, ils nous donnent moins de détails précis que les Mémoires, beaucoup plus vivants en général, mais souvent faux, disons plus mensongers, de l'abbé Fleury, ils nous apportent au moins sur la vie du clergé français en Hollande des renseignements qui ne sont pas dépourvus d'intérêt. Nous ne voulons pas nous appesantir davantage sur ce point, désireux seulement d'attirer l'attention sur l'appendice du volume, que l'abbé Ouvrard a consacré à l'agriculture.

Le côté pratique et utilitaire de son esprit s'y révèle encore, et en outre si l'on rapproche les affirmations qui y sont contenues de celles qu'on peut lire au cahier des doléances de Fougerolles, on y verra un argument de plus en faveur de la thèse que nous avons soutenue ailleurs, à savoir que pour des études générales sur l'état de la France à la veille de la

Révolution, il ne faut se servir de ces cahiers des paroisses qu'avec la plus grande prudence. En effet, dans le leur, les habitants de Fougerolles constatent que la production du pays « consiste en seigle et sarazin. Le pain qu'on en fait est la nourriture commune... Et quel pain, bon Dieu? Du pain que les riches des grandes villes ne voudraient pas faire donner à leurs chiens, du pain de sarazin grossièrement moulu (1) ». Lorsqu'on leur représente, écrit de son côté l'abbé Ouvrard, que cette nourriture est dispendieuse eu égard à la quantité de pain que l'on dépense, ils répondent qu'elle « fait leurs délices, que le pain rôti s'amalgame si bien avec le lait de toute espèce et avec le cidre qu'il n'y a rien de comparable, à leur goût; que leurs pères, leurs femmes et leurs enfants ont toujours vécu de ce pain et qu'ils y ont trouvé l'agrément et la santé... C'est une manne agréable pour ces colons (2). Rien ne peut, ajoute-t-il, les détourner de cette habitude; l'on tient à ses anciens usages ; il est bien difficile de les changer et d'en introduire de nouveaux quoique plus précieux. »

« Les terres de ce canton, affirment à leur tour les membres du district d'Ernée, sont

(1) Bellée et Duchemin, *Cahiers des paroisses du Maine*, t. II, p. 311.
(2) *Le déporté de la Mayenne*, p. 213.

froides, pesantes et conroyeuses et demandent beaucoup de travail pour les rendre un peu productives. Il y faudroit faire beaucoup de labours et de fumier pour les rendre plus fécondes et en animer les sels, mais le laboureur est trop pauvre pour faire les cultures nécessaires ; il l'est encore davantage pour acheter des engrais, des cendres de charrée et de forêt pour améliorer les terres. Le laboureur ne manque pas d'une certaine intelligence dans ce district, il n'y a que la grande misère qui l'anéantit... Aisé, il pense bien autrement ; quoique fort attaché à ses anciens usages, il se livre cependant à quelque expérience, il la suit lorsqu'il en retire de l'avantage ; il sert d'exemple aux autres (1). »

« Les terres sont excellentes », répond l'abbé Ouvrard, mais les gens, qui sont d'ailleurs honnêtes, sobres et durs à la besogne, ne savent pas en tirer un parti convenable. Ils n'avaient pas l'énergie morale nécessaire à cela, comme le reconnaissait le Conseil général du district d'Ernée, trop attachés qu'ils étaient à leur vieille routine. Et de fait, par les détails très précis que nous avons sur l'agriculture dans ce pays, il faut avouer que cet art y était absolument dans l'enfance il y a un siècle. Et c'est pour y apporter une importante amé-

(1) Arch. de la Mayenne, L, district d'Ernée, registre des délibérations du Conseil général, f° 32 v°.

lioration, pour transformer les procédés de culture de ses compatriotes, que l'abbé Ouvrard travaillait dans ses dernières années à perfectionner un instrument de son invention : la charrue à fossoirs. Réussit-il? Eut-il la satisfaction de l'inventeur qui voit sa machine rendre les services qu'il a rêvés? Nous ne savons. Peut-être s'endormit-il avec l'espoir seulement qu'un jour une société agricole exécuterait utilement l'idée qu'il avait conçue et caressée pendant plus de vingt ans et qu'après un essai fructueux, comme celui dont il avait été le témoin charmé en 1816 à Senlis pour le semoir mécanique, l'usage de sa charrue se répandrait peu à peu et apporterait aux siens plus d'aisance avec un moins dur labeur.

Cette préoccupation devrait lui assurer un souvenir attendri de leur part et ce serait un plaisir pour nous que d'y avoir contribué, car au total l'homme ne fut pas un inutile et mérita cette reconnaissance.

E. LAURAIN.

LE DÉPORTÉ

DE LA MAYENNE

OU

LE BATAVE HEUREUX

VOYAGE PAR TERRE & PAR MER

Aux îles de Jersey et de Grenesey, de la
grande terre d'Angleterre, de la Flandre,
du Brabant et de la Hollande.

Par M. l'abbé OUVRARD DE LA HAYE.

Se trouve à Senlis, chez L'AUTEUR.

A PARIS

Chez VILLET, Libraire-Commissionnaire,
rue du Battoir-Saint-André, n° 20.

1819

AUX FRANÇAIS

Honnêtes et courageux Français, de tout âge, de tous états, de tous grades, de toutes conditions et qualités ;

C'est à vous, qui avez tous souffert ainsi que moi, à qui je dédie ce Voyage ;

C'est à vous, dis-je, qui, sous l'égide du meilleur des Rois, ayant pris une attitude formidable, avez su comprimer les malveillants attachés au tyran, et qui ne suivant que leur égarement, voulaient bouleverser le gouvernement pacifique et heureux des vrais et loyaux Français ; mais des lois de sûreté, et la police la plus exacte, firent bientôt rentrer dans le devoir ces cabaleurs restés sur le sol français.

Ces misérables ! semblables à des chiens qui avaient perdu leur maître, criant comme des enragés, aboyaient, hurlaient même dans les carrefours, de manière à troubler le repos de leurs voisins, qui, craignant leur rage, étaient contraints de se réunir pour les chasser, et leur faire prendre un autre chemin. Beaucoup se sauvèrent au loin ; mais, malheureusement, il resta encore beaucoup de chiens muets, qui, cessant d'aboyer, se cachèrent, et jappaient néanmoins dans l'obscurité, pour grossir leur meute ; mais ces bandes affamées furent bientôt dispersées par des chasseurs expérimentés, qui, les voyant battre à faux, les poursuivirent avec vigueur, et les firent rentrer dans leur chenil.

Je ne puis encore mieux comparer

ces monstres hideux, qu'à des can-
cers qu'on est obligé d'extirper, pour
la santé et la guérison du corps, autrement il périrait victime de tu-
meurs variqueuses qui le corrom-
pent.

Mais, malgré l'adresse et la précision des gens de l'art, qui jettent
au loin les parties amputées et gan-
gréneuses, il paraît presque toujours
des fibres et des racines qui font re-
naître le mal, et donnent des inquiétudes au sujet qui a été opéré. On
emploie alors la pierre infernale, ou
d'autres caustiques propres à faire
arrêter le progrès du mal ; mais, malgré ces sages et utiles précautions,
l'on est souvent forcé de recommencer l'opération : alors, ou l'humeur du sujet s'adoucit, ou il périt,
accablé de tristesse et de douleur.

C'est ainsi que le corps social,
ayant dans son sein des sujets infec-

tés de la maladie révolutionnaire,
ont été jetés hors du pays, ou exterminés dans leurs entreprises crimi-
nelles ; mais, malgré les précautions
les plus sages, il en est encore resté
quelques-uns, qui, contrefaisant les
bons Français, ont paru s'apitoyer
sur le sort de la France, ayant voulu,
par ce stratagème, disposer les esprits
à une nouvelle révolution ; mais en
vain : l'union des vrais Français, pour
leur bonheur, et les efforts combinés
d'une exacte police, leur en ont im-
posé, et les ont fait rentrer dans le
devoir, en nous laissant le bonheur
d'une paix assurée et parfaite.

S'il existait encore quelques amis
de ce tyran, ils seraient bientôt dé-
couverts, poursuivis et exterminés,
s'ils s'opposaient au gouvernement
et aux lois de la France.

Attendez encore un peu, dit David,
et le méchant ne sera plus : vous

*chercherez le lieu où il était, et vous
ne le trouverez plus ;*

*Hac pusillum, et non erit peccator,
et queres locum ejus, et non invenies.*
P. 36, v. 10.

Je vous adresse donc avec confiance, nation brave et courageuse,
mon petit *voyage.* Héritier du nom
et du caractère français, vous y ver-
rez, dans les malheurs d'une longue
déportation, une patience à l'épreuve,
un attachement constant aux Bourbons et aux vrais Français, un courage, en un mot, et, je ne crains
point de le dire, une sensibilité, et une
générosité dignes d'un bon Français.

Jouissez donc de la réunion de tous
les partis, des douceurs d'une paix
venue du ciel.

Vivez à l'ombre des lois, et d'un
gouvernement paternel, sous les
yeux du meilleur et du plus juste
des rois.

**

Quant à moi, je m'estime le plus heureux des hommes, au sein de la paix et de la tranquillité : à mon âge avancé, ce bonheur ne sera pas de longue durée ; mais je me réjouis par avance de vous savoir heureux après moi.

Mais, à l'instant où je vante ma paix et mon bonheur, j'apprends la perte de Son Altesse Sérénissime Monseigneur le Prince de Condé !... Que l'on juge de l'impression et de la tristesse que j'ai éprouvée au récit de cette fatale nouvelle ! me rappelant surtout la douceur et la bonté dont il avait usé à mon égard, m'accordant la permission de l'assurer de mon respect, et l'honneur de manger à sa table lorsque je le désirais, en m'adressant, le 5 janvier 1818, une lettre remplie d'attention et de bonté. Quels regrets, et quelle sensibilité, au souvenir d'un aussi grand malheur ! Ce bon prince vivra toujours dans mon cœur ; et ma prière, et ma reconnaissance, ne finiront qu'avec ma vie. Non, mon Prince, non, vous ne mourrez jamais : le souvenir de vos actions sera toujours présent aux bons et braves Français ; et les échos du monde entier répèteront sans cesse vos qualités, vos vertus et votre courage.

PRÉFACE

Mon but, dans ce Voyage, est de faire sentir la nécessité d'une bonne éducation.

Avant la révolution, la religion en faisait la base ; et à la suite de cette heureuse instruction, on élevait les enfants dans le respect pour leurs parents et pour la vieillesse ; on leur donnait des mœurs, de l'honnêteté et de la délicatesse. Telle était la première marche de l'instruction des familles honnêtes de la France ; et, à leur imitation, les classes ordinaires élevaient ainsi leurs enfants. Mais, quelle différence, dans la révolution ! la connaissance de l'Être-Suprême a disparu chez les uns, et a été ignorée chez les autres. Le *nom de Dieu* n'a été proféré qu'avec fureur, contre les personnes et les animaux ; les enfants même, à l'imitation de leurs parents, prononcent dans leur colère le *sacré nom de Dieu* ; et le père, méprisé par son enfant, se laisse appeler par *toi*, comme un cheval ou un chien, se plaît même à l'entendre ; mais, les grands enfants, même mariés, qui tiennent ce langage, fruit de la plus malheureuse révolution, annoncent peu de respect, en abusant de la supériorité et de l'ordre, dont le renversement est choquant.

Où sont ces temps heureux, où le père se serait sacrifié pour son enfant, et l'enfant pour son père ; où les ministres de la religion étaient honorés et respectés, et qui, aujourd'hui, dans leurs précieuses instructions, n'éprouvent que mépris et effronterie de la part des enfants ?

Que doit-on penser des parents, qui, indifférents à cet égard, se montrent ennemis de la religion ; et, les reprenant mollement, semblent leur accorder le droit de les insulter eux-mêmes, et de leur manquer de respect ?

O temps ! ô mœurs ! l'irréligion, la perte de ces mœurs, si pernicieuse dans un Etat ; et dans les familles, l'indépendance, l'égoïsme, tel est le résultat de l'éducation révolutionnaire.

Mais, malgré ces écarts et ces excès, on a vu avec étonnement de grands progrès dans les sciences et les arts ; et, l'esprit agité par des factions étonnantes, a produit, dans son ébulition, des développements intéressants, des découvertes heureuses, et des entreprises utiles et hardies.

Les Français ont rapporté de l'étranger tous les usages, et les inventions de toute espèce ; en un mot, tout ce qui leur paraissait beau et utile, et convenir à leur pays ; mais, malheureusement, le siècle des talents n'est pas toujours celui du bonheur, surtout lorsqu'il n'a pas pour base la religion, qui, en lui donnant des mœurs, lui apprend à servir son Dieu, à aimer son Roi, et à s'attacher à sa patrie, autrefois si douce et si aimable ; et, fixant l'estime et le respect des autres nations, Français, vous avez parcouru l'Europe entière, et même une partie du globe : vous avez admiré la beauté et la richesse des campagnes, les villes et les palais des rois, les pays de commerce, leurs abondantes productions, et le génie des habitants : tout semblait exciter votre attachement, favoriser vos goûts et vos désirs ; mais le souvenir d'un pays qui vous vit naître, de parents, d'amis, de voisins, et d'habitudes, tout ce que vous avez vu de beau, de rare et de précieux, ne pouvait vous ôter l'idée d'une patrie qui excitait vos regrets, et que vous désiriez si ardemment revoir.

Vous donc, qui, après tant de malheurs, habitez en paix et en tranquillité cet heureux sol français, qu'importe votre âge, vos états, vos conditions, vos opinions politiques et particulières : attachez-vous au gouvernement paternel, paisible et heureux dans lequel la Providence vous a posés, vivant sous les lois justes et équitables du meilleur des Rois, et dans un gouvernement, dis-je, qui a pris la plus forte consistance, et dont la résistance serait nuisible à votre tranquilité et votre bonheur.

Comparez son administration douce et paisible, à celle d'une république dangereuse, d'un régime consulaire monstrueux, d'un roi sanguinaire, qui fut jeté, non comme le soliveau de la fable, mais comme un génie malfaisant qui vous dévora presque tous, et fit de votre patrie un lieu de deuil et de désespoir.

Réunissez-vous donc tous, chers Français : soyez tous amis, et vivez bien ensemble, pour Dieu, pour le Roi et la patrie.

Laissez vos enfants se livrer aux exercices et états de leur goût, et qui ne sont ni contre la religion, ni contre les mœurs, car toutes sortes d'instructions et de talents sont d'une grande ressource dans le malheur.

L'on en sentira l'utilité, tant par la lecture de mon Voyage, que par un coup d'œil sur les occupations de ma jeunesse.

A l'âge de quatorze à quinze ans, je me livrais à tous les exercices de corps : la chasse, la pêche, la danse, les armes, le cheval, faisaient mes délices, et me réussissaient à merveille ; mais ces exercices firent bientôt place à ceux de l'esprit.

Je fis ma philosophie à Paris ; et, alors, le goût des sciences fixa mes occupations. Dans cette capitale, l'on ne voyait qu'affiches relatives aux instructions, lesquelles étaient gratuites : la médecine, la chirurgie, la chimie ; les sermons des plus grands prédicateurs de la France, la sculpture, le dessin, la peinture, les savantes expériences de M. Nolet, sur la physique et les arts ; son opinion sur l'électricité, différente de celle de M. Lord, grand physicien : le fusil à vent, le marteau d'eau, la machine de Magdebourg, sur la pression de l'air et la chute des corps, graduée :

le tout excita tellement mon admiration, que je m'y livrai exactement pendant ma philosophie. Je passai maître ès-arts, et me décidai ensuite à l'état ecclésiastique. Entré en Sorbonne, j'étudiai l'hébreu; et, au bout de six mois, je le lisais couramment en chaire près du professeur. Pendant mes trois années de Sorbonne, je fis mon droit, ayant eu pour agrégé M. de Ferrières, et fus reçu docteur.

Je me livrai dès lors à l'étude des matières bénéficiales, où je fus occupé à la rédaction des procès-verbaux du clergé de France, et nommé conseiller à la Cour supérieure de Blois, que, par des raisons particulières, je n'acceptai pas.

Je fus nommé à la cure de Fougerolles, lieu de ma naissance, où demeurait ma famille, et dont le produit était de dix à douze mille livres par an : je l'acceptai volontiers, préférant cette position à toutes les protections dont on m'honorait. J'y restai vingt-deux ans, dans la plus grande paix et la plus intime union avec mes bons habitants, qui me sont attachés et que je regretterai toujours.

Si je suis entré dans ce détail, et porté un peu loin ma digression, loin de moi toute jactance et vanité ; je m'y suis décidé pour encourager les parents à donner à leurs enfants une éducation religieuse et honnête : ils verront, par ce que j'ai fait en pays étranger, que rien ne se perd dans la nature, et que les exercices de ma jeunesse, dont je n'aurais jamais cru faire usage à un âge aussi avancé, et, dans mon état, m'ont grandement servi, ayant toujours eu pour base la religion, la générosité et l'honneur.

D'après mon exposé, je conseille aux parents d'envoyer leurs enfants

LE DÉPORTÉ

DE LA MAYENNE

ou

LE BATAVE HEUREUX

En conséquence du décret qui m'ordonnait de quitter la France, à la suite de mon refus du serment exigé au sujet de la constitution civile du clergé, je me retirai dans ma maison, près de ma cure. Il est bon d'observer que les furieux révolutionnaires, avant de sortir de la cure, exigèrent de moi de leur donner quatre de mes chevaux, montés par cinq de mes domestiques armés de mes armes, pour aller à la poursuite de MM. de la Rouerie, de la Blinais, et Duboisgui, gentilshommes distingués, et mes proches voisins, ce qui

1

ajoutait à ma peine; mais heureusement le voyage fut sans effet.

Je restai dans ma maison, assez tranquillement, aimé et respecté de mes bons paroissiens, lorsque le décret de déportation, qui enjoignait à tout réfractaire de quitter le sol français, sous huit jours, fut mis à exécution; il était dit que tout prêtre trouvé sur le sol français, passé ce temps, serait condamné à la peine de mort. En conséquence, je fis publier par le jureur, mon remplaçant, que je partirais dans trois jours pour les îles de Jersey et de Guernesey, et que, de là, je passerais à la grande terre d'Angleterre; que pour me rendre au port de Granville, lieu de mon embarquement, je passerais par Saint-Hilaire du Harcouet et Avranches; ces éclaircissements voulus par la loi de la déportation.

Le jureur fit volontiers cette publication, se trouvant débarrassé, selon sa conduite, d'un témoin dangereux ; après cette publication, dont je demandai une copie signée de la municipalité, je me décidai à partir ; mais, voulant assurer mes propriétés, je fis venir mon frère et mon beau-frère, et leur consentis la vente de tous mes biens, pour une somme de 6.000 francs comptant, et pour une rente de 1.200 francs ; mais pour ma sûreté, je me fis donner une reconnaissance qui annonçait que le contrat avait été fait pour dérober mon bien à la fureur d'une révolution, et qu'ils me reconnaissaient toujours pour le vrai propriétaire, n'étant réellement que mes régisseurs.

Mes affaires en règle, je partis pour Granville, à neuf heures du matin.

Ma municipalité me donna un passeport dont les expressions me font honneur : je me fais un devoir de le copier ici :

Nous maire, et officiers munici-
paux de la commune de Fougerolles,
sur la formalité ordinaire, qu'il est
inutile de copier, prions de lui don-
ner assistance et sûreté, vu que, le
serment excepté, il s'est toujours
montré paisible, honnête et généreux
envers les pauvres, ayant d'ailleurs
fourni ses armes, ses gens et ses che-
vaux pour la sûreté publique, lors-
qu'il a été requis; nous osons même
dire qu'il emporte nos regrets. Déli-
vré, etc.

Pour assurer mon passage jusqu'à la
mer, ainsi que pour la conservation de
mes bagages, emportant avec moi des
sommes assez considérables, un de
mes neveux, qui était commandant
d'un canton voisin, était avec moi, et
deux domestiques de suite. J'arrivai à
Saint-Hilaire du Harcouet, petite ville,
commune redoutable par son opinion
fortement prononcée; je la traversai,

monté sur une de mes bêtes de main, et qui, bien dressée, obéissait à tous les mouvements de la main et de la jambe, en un mot à toutes les aides : je lui fis exécuter plusieurs marches et plusieurs petits sauts, qui amusaient, et faisaient plutôt considérer le cheval que son maître, qui était en officier.

Plus heureux mille fois que mes confrères, à qui, du côté de Vire, l'on changea les habits, l'on donna des assignats pour de l'argent; plus heureux encore qu'un ecclésiastique qui, faisant ferrer son cheval, fut tué par le maréchal, d'un coup de marteau par la tête.

Plus heureux que les ecclésiastiques des environs de Domfront, qui, passant près de Villedieu, allaient être immolés à coups de pierres, par la populace, si le commandant qui les conduisait ne leur eût assigné de monter promptement à cheval : ce conducteur était un jeune homme de famille, très délicat, et qui eut pour tous ces messieurs les plus grands égards ; il les conduisit à Granville, en paix et en tranquillité, mais ils furent grandement attristés, apprenant la mort du conducteur, tué dans une prairie proche Granville, et un pistolet à ses côtés.

M. de Lepail, doyen de Domfront, eut la tête ouverte d'un coup de sabre.

Un doyen, près Domfront, étant parti trop tard, fut contraint de marcher la nuit avec trois ecclésiastiques ; mais plusieurs personnes à cheval les attaquèrent, les poursuivirent à coups de sabre, et le doyen, mon parent, reçut un coup de sabre sur la tête, dont il pensa mourir ; il arriva lors de notre embarquement, et tellement malade, qu'il obtint de la municipalité la permission de se faire opérer. Je rencontrai plus de cinq cents ecclésiastiques à pied et à cheval, qui se rendaient à Granville, et tous déguisés, les uns en paysans, les autres en meuniers, etc. Arrivé dans cette ville, je fis chercher un logement, mais inutilement : je me décidai à coucher sur mon manteau, en attendant le moment de m'embarquer, et mes gens et leurs chevaux de même, tous décidés à coucher dans la rue ; mais par le plus grand hasard, un jeune avocat, passant, une lanterne à la main, me demanda si j'étais logé ; je lui répondis que la rue était grande, que j'y coucherais et mes gens, n'ayant pas trouvé de logement ; il m'offrit à souper et à coucher, ayant trois prêtres ; je le remerciai honnêtement, et lui demandai son nom et son état : il me répondit qu'il était avocat ; j'accepte avec reconnaissance votre offre, lui dis-je, et le suivis. Je fus reçu agréablement par Mme Louvel, sa mère, qui me combla d'attention, ainsi que son honnête famille, remplie de religion, et attachée à son roi.

Nous étions tous disposés à partir le matin pour Jersey, lorsqu'il vint, de Coutances, un ordre qui défendait l'embarquement des prêtres, ce qui nous donna à tous la plus forte inquiétude, craignant ou la prison, ou l'égorgement général.

Mais mes hôtes, occupés du bonheur des prêtres, me promirent que, dans le cas où il y aurait quelque chose de dangereux, ils me feraient passer la nuit dans un bateau pêcheur ; ce qui me consola. Nous fûmes trois jours dans la transe, et au bout de ce temps, il fut permis de s'embarquer, mais il était défendu d'emporter aucun argent, ni bijoux.

Mon aimable avocat voulut bien s'en charger, et me les apporter à mon vaisseau : les commis, avant notre départ, nous demandèrent si nous n'avions rien contre les ordres du gouvernement, et mirent, pour la forme, leurs mains sur nos poches.

Jugez de l'empressement avec lequel un chacun s'élança dans le vaisseau qui lui était destiné; embarqués au nombre de neuf cents, nous jetâmes, avec mépris, les cocardes que nous étions forcés de porter en France.

Départ de Granville. Arrivée à Jersey.

Il n'arriva aucun accident dans notre trajet, et nous arrivâmes heureusement à Jersey. Le vaisseau qui me portait, et qui avait pour capitaine Mᵉ Richarson, aborda seul dans un endroit écarté. Quatre hommes de Jersey venaient à sa rencontre : descendu du vaisseau, je saluai ces messieurs, et leur demandai s'ils connaissaient Mᵉ Moitie : il était précisément au nombre des quatre, et il se nomma très honnêtement, me demandant ce qu'il y avait pour mon service : je lui dis que, le connaissant de réputation, je le priais de me loger chez lui : « Je ne le puis, me répondit-il ». Je lui dis que j'étais porteur d'une lettre d'un négociant nommé M. de la Motte ; qu'il fournissait ordinairement à ma maison les marchandises de toute espèce, et qu'avant de partir, j'avais compté avec lui, et que le compte s'était monté à 28.000 francs, dont j'avais quittance.

A ce récit, il me dit : « Donnez-moi votre manteau, et venez avec moi ». Cet homme jugea qu'il n'y avait rien à risquer avec moi, et me traita vraiment en honnête homme ; il me prit en pension, me plaça chez M. Doré, voisin en face de lui, qui eut pour moi tous les égards possibles : je lui avais prêté quelqu'argent ; au bout de cinq ans, je lui écrivis de La Haye, et il me fit passer mon argent sur-le-champ.

Chez ce M. Doré j'eus un rêve étonnant au milieu de la nuit : je souffrais cruellement, et me plaignais tout haut, lorsque M. Doré monta dans ma cham-

bre et me demanda si j'étais malade ;
je lui répondis que je voyais porter en
terre mon domestique de confiance, et
que cette idée me faisait fortement
souffrir ; il essaya de m'apaiser, mais
inutilement : le jour venu, je fis part
de mon rêve à mes connaissances, qui
riaient de mon rêve, et me plaisan-
taient. Huit jours après, je reçus, de
ma sœur, une lettre qui m'annonçait
l'enterrement de ce domestique, qui
était mort de tristesse d'avoir perdu
son maître, et de la perte de trois chevaux, dont deux étaient de jolis chevaux
de main, et l'autre de carrosse, et
qu'un fameux aubergiste de Granville
ne lui en avait donné que 200 francs en
assignats, lui disant que, s'il raison-
nait, il le ferait arrêter.

Il m'arriva sur la place de Jersey
une aventure singulière, lorsque recevant un gros paquet de lettres de
France, je m'empressai d'entrer dans

Rêve réali
sur la mort
mon domestiqu

Aventure si
gulière à Jerse

mon appartement, pour prendre vite lecture de ce qui s'y passait.

Il faut observer que les maisons nouvellement bâties étaient de même construction et avaient la même distribution, et moi, sans y faire attention, j'enfilai une allée égale à la mienne ; je passai dans la cuisine, saluant sans fixer personne, et je fus très regardé par la maîtresse et quatre ou cinq personnes, qui me virent hardiment passer dans mon prétendu cabinet, qui ne différait aucunement de celui que j'occupais, à l'exception de mes malles et effets, que je ne vis plus : et dis en moi-même, nous verrons où sont mes effets, et pourquoi on m'a délogé ; mais pressé de lire, je pris une chaise, pour parcourir le dit paquet, ce qui employa une heure, tant en lecture qu'en ré- flexions. Je repassai dans la cuisine, où la maîtresse me dit : « Vous vous êtes trompé, Monsieur ». Je reconnus alors mon étourderie, et lui en fis mille excuses, qu'elle reçut en riant, et je me retirai honteusement.

L'île de Jersey est située sur les côtes de Normandie, dont elle dépendait autrefois : elle renferme deux villes, dont l'une porte le nom de Saint-Elier, et l'autre, de Saint-Aubin. L'île contient six ou sept paroisses, et peut avoir neuf lieues de circonférence. Cette île est défendue par des rochers tout garnis d'artillerie, et par des tours qui se répondent au premier coup de canon. L'entrée des vaisseaux à Saint-Elier, est difficile, et quelquefois dangereuse ; les vaisseaux étrangers qui y abordent ont fréquemment recours aux marins du pays, et souvent, dans les tempêtes, où une mer houleuse risque à porter les vaisseaux contre les rochers qui en rétrécissent l'entrée, ont recours au signal de détresse, ce dont j'ai été

L'île de Jersey à sept lieues Granville.

témoin plus d'une fois : plusieurs vaisseaux venant d'Espagne y ont échoué, et l'on voyait le rivage couvert d'oranges et autres denrées.

J'ai vu arriver de Granville le vaisseau de Richarson, tellement en danger, que l'on en désespérait ; la mer et les vents étaient tellement contraires, qu'il risquait de périr contre les rochers, et aucun marin n'osait se mettre en mer avec sa barque pour le sauver. Son épouse, du bord du rivage, faisait des cris affreux, et moi, qui avais un grand intérêt à sa rentrée, ayant 200 louis à moi, ainsi qu'une charrette pleine d'effets, j'étais très sensible à la perte de l'homme et de son vaisseau : plusieurs barques enfin se décidèrent à le joindre, et il fut amené au port, le capitaine blessé à la jambe, par la chute d'une voile.

L'île est très abondante en pâturages excellents, en fruits et en poissons de toutes espèces : tous les animaux nourris dans l'île y sont très bons et très gras.

Nous allions quelquefois à la pêche aux homards, qui sont très gros dans ce pays et au pied des rochers : la mer retirée, nous en trouvions, et souvent, à un demi-pied au-dessous, nous rencontrions un congrè, poisson gros comme le bras, ayant souvent deux pieds de long. Les naturels en font de bonne soupe, et ce poisson est bon à la sauce blanche. Un congre peut suffire à six ou sept personnes. Il nous venait de Guernesey une espèce de homard dont la coquille, très-garnie, renfermait une chair légère et délicate, bien moins pesante et indigeste que celle du homard de France et de Jersey. Aussitôt qu'il en était arrivé, dans un instant le tout était enlevé ; il y avait aussi beaucoup de crabes, et un matin un pêcheur en apporta une douzaine, qu'il laissa tomber de son sac dans la place ; le chat de la maison les voyant marcher, jouait avec eux de sa patte ; mais un crabe ouvrant la sienne, lui prit la patte, et la serrant fort, le chat sautait en l'air, faisant des cris affreux, et n'eut de repos qu'à l'ouverture de sa pince. Ce coquillage est bon et agréable.

Les habitants et naturels de Jersey y parlent un langage corrompu, à l'exception des négociants et de la haute classe du pays.

On peut dire à leur louange, que les étrangers y sont bien accueillis, et que l'hospitalité y est très en usage.

Le commerce y est étonnant, tant par l'arrivée des vaisseaux qui y abordent de toutes les parties du monde, que par le commerce avec les Français qui y abondent, à raison du peu de traversée qui existe pour y arriver, qui est de sept lieues. Il y a toute sûreté pour les étrangers, de la part des habitants ; mais il est quelquefois dangereux de fréquenter les bords de la mer, lorsqu'un vaisseau est sur son départ, vu que quelques matelots se promènent le soir, et vous dévalisent ; ce qui arriva à plusieurs des nôtres, à Mgr l'évêque de Bayeux, à qui l'on enleva sa canne à pomme d'or, et sa montre, même à midi ; à un grand vicaire, qui, voulant se défendre, eut un bras cassé.

Me promenant un jour après le reflux de la mer, pour trouver quelques coquillages, je montai un sentier pour aller à la Corderie, promenade agréable ; mais au haut de ce sentier, un couvreur me lança un morceau de plâtre sur la tête, qui enfonça mon chapeau fortement ; je lui remuai son échelle, mais il fit un cri qui fit sortir un maréchal, un fer rouge à la main, et sans le secours imprévu de cinq émigrés passant près de là, il m'enfonçait son fer dans le ventre.

Un autre jour, me rendant chez moi sur un trottoir, un couvreur, dont l'échelle avait son pied sur ce trottoir, en descendant, me lance un gros coup de pied : je fus sur le point de le rosser avec ma canne, mais il ôta sa veste pour boxer avec moi : il était double en force, et fort irrité ; sachant que le bâton était défendu par les lois du pays, je n'eus d'autre espoir que de me retirer modestement.

Les révolutionnaires français, en venant faire commerce, essayaient de semer le poison révolutionnaire dans cette île, et y firent quelques prosélytes ; mais le gouverneur y mettait ordre, ainsi que les honnêtes gens du pays.

Nous apprîmes à Jersey la cruelle mort de notre bon roi ; jugez de la tristesse que nous causa cette catastrophe : nous qui espérions rentrer en France, et revoir celui qui faisait notre espoir et notre bonheur. Tous, livrés à la désolation, nous prîmes le plus grand deuil, et nous ne parlions de la France qu'en secret : les naturels du pays, qui avaient quelque rapport avec les français jacobins, étonnés de notre attachement et de notre costume, nous demandaient à quoi bon ce changement si étrange.

Les Français qui venaient tous les jours à Jersey, et qui paraissaient joyeux de leur crime, furent étonnés de nous voir en deuil, et de notre tristesse, et nous auraient volontiers insultés, mais le gouvernement anglais veillait sur leur conduite, ainsi que les honnêtes habitans, qui savaient apprécier notre perte et notre malheur.

Deux députés du département de la Manche arrivèrent à Jersey, avec leurs pouvoirs, pour demander des armes :

l'un se nommait Brohom, et l'autre Juhé ; mais le gouverneur, homme exact et ferme, leur ordonna de quitter l'île sous vingt-quatre heures ; ce qui fut exécuté. En attendant le moment de leur départ, ils parcouraient les bords de la mer, lorsqu'ils aperçurent un prêtre poursuivi par un scélérat pêcheur qui voulait l'attraper, soit pour s'emparer de ce qu'il avait, ou pour le jeter à la mer, après l'avoir dépouillé ; il accourut à ces deux députés, et tout essoufflé, en leur disant : « Sauvez-moi la vie » : ce pêcheur se retira vivement, et cette aventure avertit du danger de s'écarter seul, pour voir les pêcheurs. J'avais autant d'agréments que l'on pouvait en éprouver de la part des honnêtes négocians, marins et habitans de Jersey ; mais cette petite ville, contenant près de trois mille émigrés, et deux mille ecclésiastiques, je me trouvais très resserré, en nous rencontrant à chaque instant sur les petits trottoirs, nous saluant sans cesse avec honnêteté ; car il faut dire à la louange des uns et des autres, qu'il n'y eut pas entre nous le moindre différend.

L'art militaire, à Jersey, y est très développé, et tous les dimanches, les officiers naturels de l'île et les habitants de la ville, ainsi que les soldats qui y naissent, font le service le plus exact, et manœuvrent très habilement : l'artillerie y est aussi scrupuleusement exercée, et l'on y voit d'habiles tireurs et pointeurs.

Avant de finir l'article de Jersey, endroit presqu'imprenable, je parlerai de la prise de cette île, qui eut lieu un dimanche matin, par un nommé Fichers, qui avait engagé tous les méchants et les malheureux qu'il avait pu rencontrer. Il demanda, dit-on, au gouvernement français, la permission de faire une descente à Jersey : on le lui permit, en riant de son entreprise singulière.

Descente étonnante de M. Fichers et de huit cents hommes dans l'île.

Il aborda heureusement, et ses officiers parcouraient les rues dans la ville, à sept heures du matin, liant les bras derrière le dos aux gens riches, qui ne s'attendaient pas à cette descente : ses soldats s'emparèrent des canons, que personne ne savait charger, ni placer comme il faut. Le sieur Fichers fit demander le gouverneur, pour la capitulation qui devait s'opérer, et l'on montait à la ville pour cet effet, lorsqu'un marchand ajuste avec sa carabine cet imprudent chef, lui dirige une balle dans la mâchoire ; mais cet homme très courageux, vomissant le sang, dictait encore les premières conditions de la capitulation. Au bruit de cette nouvelle, toute sa troupe se retira promptement, et Jersey fut délivré heureusement de ce fléau : un vieillard, témoin de la descente, me fit part de l'histoire.

Il n'y a point d'église catholique à Jersey. Les lois du pays donnent l'émancipation aux enfants, à quatorze ans, et les enfants se marient à cet âge, sans le consentement de leurs parents, de sorte qu'une fille peut revenir enceinte, à sa maison; ce qui désole les parents, mais ils sont bientôt rassurés, lorsque la fille dit à ses parents qu'elle est mariée.

Singularité des lois sur l'émancipation.

La médecine avait une autre marche qu'en France : l'on pouvait prendre sa médecine avant souper, et souper amplement, ce que j'ai vu pratiquer sous mes yeux.

Médecine.

Je me décidai donc à partir pour Londres, et fis mes adieux à toutes mes connaissances, à M. le Gouverneur, aimable homme, à M. Grandri, le plus fameux négociant de l'île; à M. son frère, qui tenait la banque; à M. Gautier, capitaine ; à M. Lejai, chef de vaisseau, qui m'avait offert de voyager en Espagne, et à Terre-Neuve, en me plaçant dans sa chambre, dont je le remerciai ; à M. Moitie, mon hôte, brave négociant, et à M. Doré, où je logeais ; ils me quittèrent à regret. Je m'embarquai sur le vaisseau du capitaine Wilquin, qui partait pour Soustempton, à qui je fus recommandé par ce qu'il y avait de plus distingué dans l'île.

Le vaisseau partit ; il fut contrarié par les vents, à la distance de deux lieues, où il resta en panne, pendant un jour et une nuit, et la mer devenant calme, nous allions à toutes voiles, lorsqu'à mon étonnement, je vis le capitaine, la lunette à la main, ainsi que ceux de son équipage, se tourmenter, préparer ses feux, disposer la lumière de ses canons, et distribuer ses fusils de gros calibre, en disant : « Nous sommes perdus. »

Ils apercevaient un vaisseau à deux mâts, venant en droite ligne fondre sur le leur pendant la nuit ; le capitaine fit cacher dans un lit, incrusté dans le vaisseau, un matelot avec toute sa correspondance, et mettre dans une barrique tout l'or et l'argent destiné pour l'Angleterre. Quant à moi, j'avais en argent et effets la valeur de près de 12.000 francs.

Cependant, à force d'approcher et de considérer, le capitaine reconnut un vaisseau de construction française, mais portant un pavillon anglais ; jugez de notre joie : plus il approchait, plus nous étions heureux, et lorsque nous passâmes l'un contre l'autre, nous nous fîmes de grandes démonstrations de joie, et nous nous saluâmes réciproquement.

Nous avons continué notre route agréablement, et sommes arrivés à Soustempton, dans un mouillage excellent et vaste, où les vaisseaux peuvent rester en sûreté.

Départ de Sous-tempton pour Londres.

La ville est très belle, ayant des vues superbes et remplie de belles boutiques, qui faisaient plaisir à voir à la lumière, ainsi que les trottoirs. A notre arrivée, on visa nos passeports ; l'on nous mesura, pour voir si nos passeports étaient vrais ; on mesura aussi les dames, et messieurs les commis s'amusèrent beaucoup de ce mesurage. Je partis le lendemain pour Londres, et y retrouvai mon beau-frère, un de mes vicaires et quantité d'amis.

J'étais logé chez un jeune libraire, près de Covent-Garden, qui, tous les soirs, venait me donner une leçon d'anglais, et recevoir, en retour, une leçon d'escrime. Je lui montrai à se mettre en garde, à tirer tierce et quarte, et je me bornai à ce simple jeu, à raison de mon état. Ce brave hôte pleurait à mon départ. J'appris bientôt à traduire l'anglais ; mais la prononciation me paraissait impossible. Lorsqu'en lisant les papiers publics, je voyais les Français triomphants, je ne sortais de la journée, de peur d'être désagréable aux Anglais.

J'allais souvent dans le parc, pour y voir trotter et galopper les chevaux ; mais je m'ennuyai de cette récréation : ces courses me paraissaient négligées, tant dans la posture du cavalier, que par la manière dont il abandonnait le cheval sur son devant, au lieu de le relever avec grâce, et de lui donner un peu de figure dans son maintien ; d'ailleurs le mouvement du cavalier anglais m'a toujours déplu, en le comparant à la posture agréable du nôtre, dont l'assiette, juste et tranquille, ne lui donne pas l'air *sauteur*; du reste, chaque pays, chaque usage.

Je fus invité à dîner chez un marchand de vin en gros, qui avait demeuré à Jersey ; il me fit goûter à toutes ses tonnes de vin, pendant que l'on préparait le thé : de toutes ses pièces, il n'y en avait pas une dont le vin ne prît au feu comme de l'eau-de-vie, les Anglais aimant les liqueurs fortes après leur porter, boisson excellente et nourrissante. Le dîner à l'anglaise fut très élégant ; le punch y était excellent. Après le dîner, ce monsieur voulut me reconduire, me disant que, comme étranger, je pourrais me trouver entouré par des bandes d'ouvriers, qui, se réunissant pour parler, et ouvrant le passage, vous entourent, et vous dévalisent, après quoi ils se retirent pour partager leur butin.

Il vint donc me conduire, et désirant le régaler de cette fameuse bière, nommée l'*aile*, je le priai de m'indiquer un lieu où l'on en vendait.

Nous entrâmes de suite dans une

L'aile, Bière excellente et cateuse, qui me donna une longue maladie.

espèce de café, où je demandai au garçon deux bouteilles de cette bière, que
nous bûmes avec plaisir, après quoi je
me rendis à mon logement. Je ne fus
pas plutôt couché, que je me trouvai
dans une agitation extrême, allant de
la tête au pied de mon lit, sans relâ-
che ; et descendant enfin sur le tapis de
ma chambre, je le parcourus jusqu'au
jour, où j'éprouvai une faiblesse considérable, et je reposai enfin quelques
heures. Mes parens et amis vinrent me
voir comme à l'ordinaire ; je leur contai
mon aventure, et mon évêque, le plus
doux et le plus aimable des prélats, à
qui j'avais fait présent d'un cheval
richement équipé, dressé et monté par
moi ; ce prélat, dis-je, qui me visitait
souvent, instruit de mon indisposition,
amena avec lui son médecin ; mais je
n'eus garde de leur déclarer la cause
de mon indisposition : ils attribuèrent
cette maladie à la vapeur du charbon

de terre anglais : peut-être aussi que le chauffage violent de mon marchand de vin, les liqueurs et la chaleur du café, avaient contribué à cette indisposition.

Il faut convenir que la vapeur du charbon à Londres est si considérable, qu'elle couvre de nuages épais toute la ville, et dans le lointain, on voit avec étonnement s'exhaler une colonne qui, en s'élevant, va se perdre dans les nues.

Heureux néanmoins les Français qui ont passé en Angleterre ! Ils y ont trouvé toutes sortes de ressources, tant par la langue française que par leur éducation, par les secours de toutes espèces qu'ils ont obtenus, et qui leur ont été largement et constamment distribués. Quant à moi, je n'ai rien voulu recevoir de ces honnêtes et généreux hôtes : je donnai, au contraire, à mes parens et à mon vicaire, des vêtements dont ils avaient besoin, et leur ai avancé de l'argent dans leurs indispositions.

Les Anglais avaient beaucoup d'égards pour les Français, et ils vivaient heureux dans Londres ; cependant, lorsque les papiers annonçaient quelques victoires remportées par les Français, ils les attaquaient par ces paroles : *Fring dogue*, qui veulent dire chien de Français, lesquels étaient quittes pour un coup de coude dans le bras, et n'allaient pas plus loin ; mais cette petite attaque n'avait lieu que de la part du plus vil peuple, et fort rarement.

L'hospitalité y était portée si loin, que l'on voyait des Anglais protestants faire la quête dans les églises pour les prêtres catholiques, et des tailleurs leur faire présent d'habits.

J'étais obligé depuis quelque temps de me servir d'un bras, tant pour parcourir les trottoirs que pour la promenade, ayant peur de tomber dans les caves, qui malheureusement ont des ouvertures le long des trottoirs.

J'allais tous les jours au parc, pour y prendre, par ordre des médecins, du lait à la sortie de la vache, laquelle était placée agréablement au milieu du parc. Il y avait une enceinte carrée, des bancs, au milieu de laquelle était placée une belle, grande et propre vache irlandaise, ainsi qu'une table garnie de verres en cristaux anglais, d'une clarté et propreté charmantes. L'Anglais, grand, beau et bien fait, qui était occupé à traire cette vache, était également vêtu en distributeur de lait. Il était bien chaussé, avait de beaux bas, comme la plupart des Anglais, une jolie veste et un tablier dont la finesse et la blancheur faisaient plaisir.

Tous étaient assis sur des bancs ;

chacun, à son tour, demandait un verre de lait, qui lui était présenté avec grâce, et pour quatre sols on en était quitte.

Il était ordonné, après ce lait, de faire une légère promenade. Comme il y a des bancs bien commodes dans ce parc, j'attendais la parade qui y avait lieu : j'avouerai qu'elle était agréable par sa musique et par le costume des officiers et des soldats qui la composaient ; ce qui me frappa davantage, c'était la taille, le costume de quatre superbes nègres, qui agitaient leurs belles cimbales de la manière la plus précise et la plus agréable.

Il y a des choses très curieuses à voir à Londres.

Il y a dix ou douze religions et quantité d'églises, au nombre desquelles la religion catholique en a sept.

Il y a des édifices superbes, dont la vue est indispensable ; je citerai ceux qui m'ont frappé davantage : comme l'église de Saint-Paul, édifice majestueux, le plus grand et le plus magnifique que l'on connaisse après l'église de Saint-Pierre de Rome.

La salle de Westminster, la plus grande de l'Europe, qui a deux cent soixante-douze pieds de longueur, quarante-quatre de largeur, et quatre-vingt-dix en hauteur, sans aucun pilier, et est supportée par des arcs boutans.

Le parc et le palais de la reine.

Le parc Saint-Jacques, très-beau et très-fréquenté.

La tour de Londres, qui a un mille de circonférence, et peut contenir soixante mille hommes armés.

L'hôtel de la Compagnie des Indes.

La banque, édifice superbe et admirable.

Le pont de Blac-Friare, dont l'arche du milieu a cent pieds de largeur.

La Tamise, la plus belle rivière de

l'Europe, couverte de superbes vaisseaux, dont l'ordre, la propreté anglaise, et le jeu des mâts, fixent agréablement l'œil des étrangers.

Le château de Vindsor, que l'on peut voir, et où la cour passe la plus grande partie de l'été.

Le château de la reine est à côté, où la cour vit en famille, et où se font les fêtes de naissances et autres.

Qui n'a vu le château et l'habitation de Richmont, n'a rien vu. Il faut s'y transporter.

Je pourrais remplir dix pages des beautés des châteaux qui sont situés sur la Tamise, et des autres ; le goût, l'invention des belles choses antiques, ainsi que l'ameublement et la richesse des tableaux de tous les grands maîtres.

Avant de partir de Londres, j'avais deux cents guinées, et voulant passer dans le Brabant, je voulus les changer avec des louis de France ; mais, quelle fut ma surprise de n'en trouver aucun, après en avoir vu dans toutes les boutiques, plein des tiroirs, exposés en échange au public : je parcourus quantité de boutiques, sans effet ; et apercevant une pièce d'or, d'une épaisseur étonnante, d'un bel or, et bien frappée, et désirant savoir à qui pouvait appartenir cette belle monnaie, je lus cette inscription : ALGERIE REX. Je n'aurais jamais cru trouver chez un chef de corsaires une aussi belle monnaie. Je voulais l'acheter, mais l'orfèvre en faisait trop de cas.

On ne pourrait se faire une idée de la quantité de louis que les émigrés, les déportés et autres, avaient apportée à Londres ; et demandant ce qu'ils étaient devenus, ils me répondirent qu'ils étaient fondus en guinées.

Mon départ d'Angleterre pour le Brabant.

Désirant trouver une terre dont l'air et la culture avaient plus d'analogie et de rapport avec celle qui m'avait vu naître, et où j'avais demeuré longtemps, je me décidai, après avoir repris mes forces, à passer dans le Brabant.

Après avoir dit adieu à mes amis, je partis de Londres pour Ostende, port de mer assez triste, et dont l'abord est quelquefois dangereux : cette ville, autrefois fameuse, fut réduite presqu'en cendre par l'archiduc Abert, qui y perdit cent mille hommes dans un siège de trois ans ; elle n'est renommée que par son port. Je me rendis très lestement à Douvres, fameux port de mer, le plus court et le plus commode pour ceux qui passent en France. Je

Départ de Londres pour Ostende.

fus très bien porté par quatre beaux chevaux, fort bien enharnachés, et conduits par un cocher bien propre et bien costumé ; mais il me restait une inquiétude à l'égard de mes malles, que l'on faisait transporter dans des charrettes, craignant ou qu'elles fussent égarées, ou qu'elles n'arrivassent pas à temps pour m'embarquer, ce qui arrive quelquefois, et ces retardements sont désagréables, et causent de la dépense dans un lieu où tout est cher. Embarqués pour Ostende, notre trajet fut assez heureux ; nous eûmes cependant de grandes inquiétudes, à la vue d'un corsaire français qui paraissait vouloir se diriger sur notre vaisseau, ce qui donna lieu à tous les préparatifs de défense. J'étais seul sur le pont, et sentais toute la peine de sa rencontre, tandis que tous les passagers du bâtiment, qui n'avaient point connaissance de son apparition, étaient en grande joie; mais heureusement elle n'eut pas lieu.

Arrivés à Ostende, sans difficulté, quoique l'abordage fût très difficile, nous prîmes un instant de repos, pendant lequel des crocheteurs se disposèrent à forcer nos malles, et sans un domestique de nos amis, nous perdions tous nos effets : j'avais une malle où deux cadenats avaient été forcés : il ne restait plus que la serrure.

Pendant notre déjeûner, deux douaniers demandèrent l'ouverture de nos malles pour les visiter, et pour abréger le détail de ce qu'elles contenaient, nous donnâmes un peu d'argent et des mouchoirs d'Angleterre, qui parurent leur faire plaisir.

A dix heures du matin, nous nous embarquâmes pour Bruges, ville des Pays-Bas en Flandre, à trois lieues d'Ostende : nous admirâmes le jeu des écluses construites dans ce canal par

Arrivée à Bruges.

les habitants de Bruges, et qui font plaisir à voir. Je m'arrêtai dans cette ville assez belle, grande et commerçante. J'y trouvai une pension chez d'honnêtes gens, qui me fut enseignée par un grand-vicaire du lieu. J'y étais passablement; mais je trouvai que je payais trop cher leurs honnêtetés, qui se montaient à cent francs par mois, sans compter le chauffage et le blanchissage. Je pris logement chez un brave tailleur, qui eut grand soin de moi dans une chute que je fis en tombant du haut d'un escalier, sur lequel, suivant l'usage du pays, l'on avait semé du sable, et de marche en marche je tombai sur les reins, où j'eus toutes les peines du monde à me relever et à me rendre à mon logement.

Déshabillé, et couché à l'aide de mon tailleur, je sentis une douleur affreuse à la hanche droite, causée par l'enflure et l'inflammation que j'éprouvais.

Comme j'étais dans l'usage de faire frotter mes chevaux avec de l'eau-de-vie et du savon en pareil cas, j'en fis délayer à mon tailleur, et me fis frotter avec une brosse, croyant diviser l'humeur, ce qui réussissait très bien à mes chevaux, mais me fut très nuisible, car, au bout de trois jours, la gangrène se mit dans cette partie. A l'instant, j'appelai le plus fameux chirurgien de l'hôpital, qui me fit frotter avec de la crème, trois fois par jour, et me saigna ; mais la saignée provoqua la goutte, à laquelle je suis sujet depuis l'âge de dix-sept ans, et cette goutte se porta aux pieds, à la main et sur la partie malade, ce qui me causa de si grandes douleurs que l'on m'entendait crier et me plaindre dans toute la rue. Un monsieur, le plus grand révolutionnaire de Bruges, sensible à mes cris, et qui demeurait en face de mon logement, m'envoya sa demoiselle, qui

Générosité de M. Gontzune.

avait reçu beaucoup d'éducation et parlait bien français. Elle vint me voir, et me fit offre, de la part de son père, de tout ce qui pouvait me convenir dans sa maison, et me fit présent d'une bouteille d'excellent vin ; il ne cessa de s'informer de mon état. Au bout de deux mois, ma première visite eut lieu chez ce monsieur, que je remerciai : il me régala d'une excellente collation. Cet homme me paraissait fort attaché, et se découvrit au point qu'il m'avoua qu'il était dans l'opinion des Français, et qu'il avait avec Paris des relations directes ; qu'il savait ce qui s'y passait : je lui dis de m'en faire part, et que je n'abuserais pas de son secret : il me donna sur-le-champ la missive de son dernier courrier, et après avoir beaucoup parlé de la révolution, je le priai de m'avertir lorsque les Français viendraient à Bruges. Son opinion de côté, c'était un brave et honnête homme. Il m'abordait chaque fois sur la place, et me contait ce qu'il savait de Paris. Mes confrères, étonnés de ma relation, me dirent de me défier de cet homme ; que je ne le connaissais pas : je leur dis que je le connaissais bien, qu'il me communiquait ses nouvelles, et qu'il me donnerait avis de la marche des Français, lors de leur entrée dans la Flandre ; que je ne me compromettais point avec lui, et qu'il fallait se faire des amis de ces dieux d'iniquité, *facite vobis amicos, demummonæ iniquitates* ; que je leur ferais part de ce qui serait intéressant pour notre sûreté. Bruges était alors tranquille, ayant chassé les Français, jeté les uns, le soir, dans les canaux, fait tirer sur eux par les naturels du pays, qui se cachaient derrière des arbres, et en détruisaient une grande quantité ; mais en se retirant, ils dirent que, si jamais ils rentraient dans le pays, ils ne leur laisseraient que les yeux pour pleurer. A leur rentrée, ils exécutèrent leur promesse, et, dès lors, réquisitions de vaches et de chevaux : sur quarante, ils en laissaient quatre de chaque espèce, s'emparaient de tous les grains et battaient eux-mêmes ceux qui étaient en tas, s'emparaient de toute l'argenterie qu'ils trouvaient, faisaient des réquisitions des dentelles et toiles, qui étaient une partie de la richesse du pays.

J'en dirais beaucoup plus ; mais il est nécessaire de fermer les yeux sur le reste.

Je me plaisais bien dans une ville bonne et douce.

Qualités des Flamands. Les Flamands, tous bons catholiques, scrupuleusement attachés à leur religion, sont bien faits, doux, francs et de bonne foi : ils parlent la langue flamande, qu'ils tiennent des anciens teutons ; mais dans les villes, parmi les gens instruits et les négociants, la langue française est plus en usage.

La ville de Bruges renferme beaucoup d'honnêtes habitants ; le clergé, la noblesse et le commerce voyaient avec plaisir les Français émigrés et déportés ; leurs prévenances à notre égard, et les qualités hospitalières qui les caractérisent, me firent bientôt faire connaissance avec eux, et j'avais tous les jours des billets d'invitation pour être de leur société. Ma première connaissance eut lieu avec madame de Salmon, qui voyait la première société, et qui me priait de faire la partie avec les premières dames de la ville. Certain jour de grande assemblée, jouant avec madame Salmon et deux autres dames, je demandai deux levées : madame Salmon en demanda trois. Je lui répondis hardiment : « C'est comme si vous n'aviez rien demandé, ma nièce, j'en demande quatre ». Elle me répondit :

« Vous me faites grand tort, mon oncle »; la société rit beaucoup de ma hardiesse, et de la réponse, et une dame
de soixante ans me demanda, au même
instant, si je voulais lui permettre de
m'appeler son oncle : dans ma gaîté, je
lui dis que je le lui permettais, à condition qu'elle serait bien sage; jugez
de la plaisanterie! les messieurs, les
dames et les demoiselles qui me ren-
contraient dans Bruges, me saluaient,
en me disant : *bonjour, mon oncle;*
je devins donc l'oncle de Bruges, au
point que, rencontrant dans la Hollande un brugeois, il me dit : « Bonjour,
mon oncle ? — Vous vous trompez,
monsieur. — Non, me répondit-il, je
suis votre neveu de Bruges ». — Même
rencontre au Palais-Royal, le 18 fruc-
tidor.

La dame Salmon, qui était aimable
et distinguée, eut tellement ma confiance, que je lui donnai mon or à

garder. Elle jouissait d'une grande réputation par sa conduite et sa générosité.

Les Flamandes ont beaucoup de religion, et ne le cèdent point aux hommes dans cette partie ; elles vont régulièrement à la messe ; elles sont grandes et bien faites, ont d'assez jolies figures et sont colorées ; surtout sages, de bonne conduite et les familles très unies. Les hommes ne fréquentent guères les sociétés des dames ; leurs récréations sont les estaminets, ils y jouent à vauberge, boivent et fument tranquillement, le tout sans tapage et sans excès.

Les ecclésiastiques du pays avaient pour nous beaucoup d'égards, ainsi que l'évêque de Bruges, qui, par sa douceur et sa générosité, était aimé et respecté de tout le monde. Une dame espagnole, chez qui je mangeais souvent, me conduisit et me présenta à

S. Em., qui m'invita à venir faire ma partie à son palais, ce que j'acceptai volontiers, le rassemblement étant très distingué chez ce prélat vénérable. J'avais l'honneur d'y aller deux fois par semaine.

Séjour de M. le duc de la Châtre à Bruges.

Pendant mon séjour à Bruges, M. le duc de la Châtre, colonel du régiment royal émigrant, vint se fixer à Bruges, afin d'être plus à portée de résister aux Français, qui se portaient sur Furnes, Ypres et Menin. Quantité d'émigrés, blessés dans les différents combats, étaient transportés à l'hôpital de Bruges, où je ne cessais d'aller, pour leur être de quelque utilité dans les opérations et dans les pansements dont ils avaient besoin. La sœur Rosalie, qui administrait cet hôpital, sensible à l'état de ces nobles et courageux émigrés, à leur malheur et à leurs souffrances, n'épargnait ni soins, ni linge, ni aliments ; assistant aux visites des médecins et des chirurgiens, à toutes les opérations, avec la plus scrupuleuse attention et le plus vif intérêt ; donnant avec précision et empressement ce qui était ordonné à chaque malade ; veillant elle-même auprès d'un blessé dont l'opération était dangereuse, et elle aurait cru avoir quelque chose à se reprocher si, par défaut d'attention, un malade eût péri sans son assistance particulière. Mon cœur sensible me faisait assister aux pansements et à la distribution lors des repas : je demandais pour eux ce qui était de leur goût et ce dont ils avaient besoin.

Un nommé M. Lambert, excellent ecclésiastique, grand, bien fait et doué d'une heureuse figure, que je crois curé de Dieppe, avec qui je demeurais, avait un teint un peu jaune ; étant son ami, je lui en demandai la raison : il me dit que depuis quelques années il était attaqué de la fistule : comme

j'avais subi cette opération, et sachant
que lorsque la fistule est trop avancée,
on risque beaucoup dans l'opération, je
le décidai à consulter un chirurgien ; il
y consentit, et nous fûmes ensemble
chez le chirurgien-major de l'hôpital,
qui le sonda en ma présence, et répondit de la réussite ; mais il fallait qu'il
restât à l'hôpital. Alors, je priai la
bonne sœur Rosalie de lui donner une
petite chambre à part, et de lui fournir
ce qui lui serait nécessaire dans sa
maladie. Elle eut bien de la peine à
consentir : je la priai de demander une
somme d'argent, qu'il lui rendrait
quand il serait rentré en France, ne
voulant pas être à charge à l'hospice
Nous convînmes à trois francs par
jour. L'opération fut faite, et la parfaite guérison eut lieu au bout de
douze jours ; le treizième, il put faire
une partie de reversis sans souffrir.

Dire les soins et les attentions que

la sœur Rosalie eut dans cette circons-
tance, ce serait faire un éloge complet Eloge de sœ
Rosalie.
de sa conduite et de son bon cœur
auprès de ce malade.

Elle ne voulut cependant pas se charger de ma malle, que quatre hommes avaient peine à porter : ayant peur des Français. Elle contenait au moins pour quatre mille francs d'effets, en habits, linge, argenterie et équipages anglais qui me servaient à Bruges. J'eus recours à M. le duc de la Châtre, qui me permit de la mettre sur ses charriots ; mais mon hôte n'en fit rien, et soit inattention ou injustice, je la perdis.

Quatre prêtres, accablés d'infirmités et de vieillesse, que j'allais voir tous les jours, ne trouvant point de moyen de subsistance, me firent part de leurs infirmités et de leur détresse : l'un avait une descente, l'autre était presque aveugle, le troisième, accablé de

la goutte, si usé, qu'il avait peine à se
tenir debout. Ils me prièrent de chercher à les placer : j'y essayai dans
Bruges, mais inutilement. Je rencontrai un jour M. de la Pierre, capitaine,
qui était mon ami; il me dit qu'il partait pour Bruxelles, et que si j'avais
quelque chose à faire dire, il s'en chargerait avec plaisir : le souvenir de
l'état de mes quatre ecclésiastiques me
vint dans l'idée, et je priai ce Monsieur de voir si, à Bruxelles, il pourrait
trouver à placer ces ecclésiastiques.
Comme il avait beaucoup de religion,
il se chargea de la commission. Il
exposa le sort de ces braves ecclésiastiques à madame la duchesse de
Luxembourg, qui, sensible au récit
de M. de la Pierre et à leur situation,
voulut bien se charger des quatre. Au
récit de cette heureuse nouvelle, je
courus chez mes bons confrères, et leur
en fis part : jugez de l'effet qu'elle pro-

Générosité de
madame de Lu-
xembourg.

duisit : tous les quatre m'embrassèrent de joie, en me remerciant ; ils me dirent qu'ils n'avaient pas entre eux de quoi payer la voiture qui les conduirait. Mais connaissant le bon cœur et la religion de M. de la Châtre, je lui contai l'histoire, et lui dis que pour compléter le bonheur, vingt-quatre francs leur suffiraient. A l'instant, ce sensible et généreux général saute à son secrétaire, et me donna un louis d'or de vingt-quatre francs, ce qui fut suffisant, et je les embarquai pour Bruxelles, où ils furent très heureusement reçus. Madame de Luxembourg en prit deux chez elle et plaça les deux autres en pension, à ses dépens.

Quelque temps après, je fus à Bruxelles pour y voir M. de Malfilâtre, mon beau-frère, et son frère, mon ami, conseiller au noble parlement de Bretagne, conseiller très instruit dans la jurisprudence et les lettres,

Assistance néreuse de M la Châtre.

écrivant avec grâce et délicatesse : il se fit prêtre à Londres et mourut peu de temps après.

Me promenant dans le parc, je rencontrai mes quatre ecclésiastiques, qui se promenaient : jugez de la rencontre et de leurs remercîments !

De retour à Bruges, mon hôte vint m'avertir qu'il y avait au marché un poisson que l'on avait pris dans la nuit, et que tout le monde allait voir : j'y cours de suite, et je reconnus un poisson semblable à celui que j'avais vu au Palais-Royal, à Paris, et qu'on nommait *le grand Phocas des mers glaciales*, que personne ne connaissait à Bruges. Cet animal avait la tête d'un dogue, le col et la poitrine d'une femme, deux petits bras terminés par des *espèces* de mains : on l'avait blessé à mort en le prenant. Ce qui m'étonna encore, ce fut d'apercevoir sur le front des gens du marché de grandes croix de Malte en noir : je demandai ce que signifiait cette marque. « Ce sont les cendres du mercredi, que l'on distribue de cette manière, me dit-on, en délayant dans l'eau cette cendre noire de tourbe, et en appliquant un cachet sur le front ». Dès que je fus instruit de cet usage, très religieux, je fus sur-le-champ à la messe pour en recevoir de même, respectant les figures de religion, indispensables à tout chrétien, et surtout à un ecclésiastique qui était chargé lui-même de les faire respecter. J'avais fait un marché à Bruges avec un nommé Bertinchant, par lequel il devait me loger, nourrir et blanchir le reste de la révolution ; et dans le cas où les Français viendraient, de me nourrir où je serais, au moyen d'une somme d'or qu'il reçut sur-le-champ ; mais au bout de six mois, les Français rentrant, me firent partir, et mon hôte me fournit un carrosse pour me rendre aux Saas de Gand, et me fit présent de douze francs. C'est par ce monsieur que je perdis ma malle, dont j'ai parlé ci-dessus.

Avant mon départ de Bruges, je fus le triste témoin, le lendemain de la terrible journée de Menin, du retour des blessés qu'on y amenait, et de la triste arrivée de M. Bernard de Bonnevin, major du régiment de Royal-Emigrant, qu'on amenait dans une charrette; il était percé de cinq coups de bayonnettes, dont trois dans la poitrine et deux au dos. Aussitôt son arrivée, je le fis visiter par le chirurgien de l'hôpital, qui, sondant ses plaies, en désespéra. On fut d'abord décidé à le faire rester à Bruges; et je fus avant consulter le commandant des Hanovriens, qui me dit que la place de Bruges n'était pas tenable, et que l'on ferait bien de le faire partir pour Gand.

Voyant mon major, que j'aimais beaucoup, partir sur la *Bellandre* avec cent quatre-vingts émigrés blessés et quelques Hanovriens, je me décidai à partir sur ce vaisseau, tant pour assister les malades de toutes manières, que pour aider à mon major dans le trajet : pour cet effet, M. de la Châtre me donna un permis de passage, et me chargea de la distribution des comestibles et des vins.

Pendant le trajet, plusieurs mourants me donnèrent lieu à l'exercice de mon ministère. J'avouerai que le trajet me fut très pénible ; car, pendant la nuit, il fallait parcourir le bord de la *Bellandre*, de près de cent pieds de long, et risquer de tomber au fond des canaux ; mais le capitaine, avec une lanterne, me conduisait par la main jusqu'à l'échelle, qui avait douze à quinze barreaux pour descendre au fond du bateau ; il fallait, pour arriver aux

mourants, diriger tellement ses pas,
que l'on risquait dans le moindre écart
de blesser ces malheureux souffrants.

Rendu à Gand, quel fut mon embarras, ne trouvant personne qui voulût
porter mes malades au haut du vaisseau et à l'hôpital, malgré mes offres
de quinze francs par tête ! Je courus
demander au commandant anglais des
lits pour cent quatre-vingts malades,
et une chambre pour mon major, ce qui
me fut accordé de la meilleure grâce
du monde. J'eus recours à plusieurs
ecclésiastiques qui m'assistèrent dans
cette opération, en portant eux-mêmes
les malades ; mais, ce qui m'étonna,
fut de voir un Hanovrien, très blessé,
porter du fond du vaisseau au haut de
l'échelle les blessés qui ne pouvaient
monter : ce courage me parut admirable.

Mes malades, déposés à l'hôpital des
Anglais, furent traités avec attention ;

mais il leur fallait un traitement à la
française, qui consistait en tisanes et
bouillons, ce que le commandant accorda d'un grand cœur, ainsi que tous
les pansements et assistances de toutes
manières ; aidé de deux ecclésiastiques, nous parcourions les salles pour
les secourir dans leurs besoins. Mon
major désirant être plus commodément
en ville, je trouvai un hôtel convenable, et la ville de Gand fournit une
chaise à porteur, et le fit conduire à
son hôtel, avec deux gardes en avant.
Je donnai à M. le major une religieuse
et un soldat pour le garder ; car ses
deux domestiques étaient perdus pour
l'instant, et se retrouvèrent avec ses
deux chevaux et sa voiture. Sa maladie parut prendre une bonne tournure,
et ses blessures ne semblaient pas très
profondes, de sorte qu'au bout d'un
mois il se leva. Un soir, arrivant du
Côtre, place de Gand, il me parut fai-

ble : je demandai au soldat et à la religieuse s'ils lui avaient donné sa tisane et ses bouillons, comme il lui était ordonné. Ils me dirent qu'il ne pouvait rien prendre, et que le cœur lui faisait mal, et un quart d'heure après il vomit une abondance extraordinaire de sang, et en rendit de même par les selles. Le voyant sur sa fin, je lui dis qu'il était temps de penser à Dieu, qu'il pourrait mourir après ses vomissements; que je désirais le confesser, ce qu'il fit du plus grand cœur; voyant qu'il pouvait exister un peu plus longtemps, je priai M. le curé du lieu de venir lui donner les derniers sacrements, ce qui fut fait d'une manière édifiante, et qui attendrit tous les assistants. Avant de mourir, il me pria de me charger de payer tout ce qui serait dû après sa mort, et d'écrire à M. son frère, chevalier de Saint-Louis, major du régiment de

Poitou, et de le faire venir de Londres, pour lui donner ce qui resterait de sa succession, ce dont je m'acquittai avec toute la précision et l'épargne nécessaires en pareille circonstance.

Tous les corps furent assemblés à l'Hôtel-de-Ville, où se trouvèrent tous les prêtres français et émigrés ; Mgr le prince de Rohan, M. de Choiseul, M. de Bétisy, grand croix de l'ordre royal militaire de Saint-Louis ; M. de Malseigne, adjudant du roi de Prusse, furent priés de porter le poële de ce brave officier. Le corps fut porté à la cathédrale, et l'inhumation fut faite en grande cérémonie.

J'écrivis sur-le-champ à M. son frère, à Londres, que M. le major du régiment de royal émigrant était mort de ses blessures, à la sortie de Menin, et qu'étant mon ami, j'en avais eu tout le soin possible, et que son frère avait droit à ma sollicitude et mon attention ;

que sa famille distinguée avait acquis un nouveau titré d'illustration par le courage d'un frère qui a péri dans le champ d'honneur pour son Roi et la famille royale, et par la présence des grands seigneurs qui avaient assisté à son inhumation, et de tous les Français qui étaient à Gand. Il vint sur-le-champ me trouver à Gand, fut très sensible et reconnaissant de ce que j'avais fait pour son frère, fit honneur à tout, et repartit pour Londres, voulant m'emmener avec lui.

Tout ce que j'ai fait et relaté ici est constaté par un certificat de M. le duc de la Châtre, dont j'ai l'original, que M. l'ambassadeur eut la bonté de m'adresser de Londres, le 5 février 1815. Il est conçu en ces termes :

Certificat de M. le duc la Châtre.

« J'atteste que M. Jean-Baptiste-
» Michel Ouvrard de la Haie, ancien
» curé de Fougerolles, diocèse du
» Mans, déporté en Angleterre et

» passé à Bruges, s'est embarqué,
» après la sortie de Menin, sur la
» *Bellandre*, qui portait cent quatre-
» vingts blessés légionnaires, des Ha-
» nôvriens et le major Bernard de
» Bonnevin ; que dans le trajet de
» Bruges à Gand, il a été chargé du
» soin de la distribution du vin et des
» comestibles ; qu'arrivé à Gand, la
» crainte de la prochaine entrée des
» Français dans cette ville empêcha
» aucuns particuliers d'oser se char-
» ger de ces malades, malgré les
» offres de M. Ouvrard, de donner de
» sa propre bourse quinze francs par
» tête ; que dans cette pénible situa-
» tion, il eut recours à quelques ecclé-
» siastiques, qui s'offrirent de l'assister
» dans l'administration des secours spi-
» rituels et temporels qu'exigeait cette
» souffrante réunion de mourants. Par
» l'intervention et à la sollicitation de
» M. Ouvrard, les administrateurs des

» hôpitaux anglais firent préparer des
» lits pour leur réception, et le major
» de Bonnevin en eut un particulier ;
» que dès le lendemain, et jours sui-
» vants, le zélé ecclésiastique, assisté
» de deux confrères, surveillèrent les
» bouillons, les tisanes et pansements,
» auxquels ils n'ont jamais manqué de
» se trouver, non plus que de donner
» aux mourants les consolations de leur
» saint ministère.

» Que le major de Bonnevin, étant
» mort des suites de ses blessures,
» son inhumation se fit par les soins
» de M. Ouvrard, avec toute la décence
» et la pompe que les circonstances pou-
» vaient permettre ; que l'exposition du
» corps ayant eu lieu dans la cathédrale,
» tous les chefs de différents régiments
» s'y rendirent, et assistèrent au ser-
» vice qui fut chanté avec la permission
» du chapitre, permission entièrement
» obtenue par les soins de M. Ouvrard.

» J'atteste que la conduite morale,
» exemplaire et distinguée de ce res-
» pectable ecclésiastique ne s'est ja-
» mais démentie, et qu'il a constamment
» donné des preuves de fidélité et d'at-
» tachement à la famille royale ;

» En foi de quoi je lui ai délivré le
» présent certificat, pour servir et va-
» loir en tant que de besoin. »

Signé : le comte de la
CHATRE,
Ancien colonel du régiment de
Royal-émigrant.

Londres, ce 5 février 1815.

Aussitôt la réception de ce certificat, avec la lettre la plus obligeante de M. l'ambassadeur, je fus à l'hôtel de M. le duc de Luxembourg, que j'avais eu l'honneur de voir et de connaître à Senlis, seigneur doux, délicat et obligeant. J'eus celui de lui présenter mon certificat, et de le prier de l'appuyer

de sa recommandation auprès de M. de
Montesquiou, alors ministre de l'intérieur, ce qu'il eut la bonté de faire ; et
je reçus, au bout de huit jours, une lettre du ministre, qui m'annonçait que
mes papiers étaient excellents, et qu'il
les mettrait sous les yeux du roi, qui
partit pour Gand peu de temps après.
Après le retour de Sa Majesté dans son
royaume, je présentai le même certificat, accompagné de la même pétition
pour la croix d'honneur, à M. de Vau-
blanc, alors ministre, et j'eus trois
jours après la réponse la plus satisfai-
sante. J'adressai, pour la troisième
fois, ma pétition à M. le comte Lainé,
présentement ministre, et formai la
même demande; et ne recevant aucune
réponse, j'eus l'honneur d'assurer M. le
duc de la Châtre de mon respect, et de
le prier de présenter au roi ma demande de la croix d'honneur; ce qu'il
fit avec empressement, et me fit l'hon-

Demande au roi de la croix d'honneur.

neur de m'écrire qu'il avait présenté au roi ma pétition, et qu'elle avait été placée, par ses ordres, chez M. le ministre de l'intérieur, le 30 septembre 1816.

Je désire avec paix et tranquillité l'exécution de toutes ces démarches.

Départ de Bruges.

Je partis de Bruges pour le Saas de Gand, dans la voiture à quatre chevaux de mon hôte, ayant avec moi trois officiers ; et ce malheureux m'ayant refusé de porter ma malle sur un charirot, dont il se chargea, je la perdis, comme je l'ai dit ci-dessus. Nous partîmes de nuit au clair de la lune, et le long du chemin, nous entendîmes des fusillades continuelles, voyant avec peine et tristesse des prêtres de tout âge, des dames et demoiselles, et quantité de vieillards, ayant presque tous des pa-

Départ de Bruges pour la Hollande.

quets sur le dos ; c'était une désolation de les voir courir et se sauver : ceux qui étaient sur la barque et les bateaux couraient grand risque, vu que les malheureux Français tiraient dessus.

Avant de quitter la Flandre et le Brabant, je dirai que les arts des Flamands, tant en sculpture qu'en peinture, ont été portés fort loin ; que les académies y étaient très savantes, et les écoles bien suivies. Leurs excellents tableaux dans les églises, leurs sculptures et dessins dans la construction des autels, des chaires et confessionnaux, étaient admirables, et annonçaient les plus grandes connaissances, une religion très suivie ; mais que les Français, destructeurs en tout genre, y portèrent la tristesse et la désolation, en brisant les autels, mettant en pièces les beaux marbres d'Italie, détruisant à coups de marteau les corniches des piliers ; en un mot, mettant en pièces tout ce que les arts avaient fourni de plus précieux dans ce pays.

Le carillon des cloches dans les églises y est admirable, et annonce, par ses airs, toutes les fêtes du pays.

Les communautés d'hommes y sont très riches. Il y avait à Bruges une abbaye, dont le produit était de 500.000 liv. de rentes. Les religieux étaient d'une soumission exemplaire à l'abbé, et la règle y était exactement suivie. Les processions qui se faisaient méritaient l'attention des étrangers, tant par les costumes propres à chaque communauté et tous différents, que par le nombre prodigieux de ceux qui venaient de très loin pour y assister.

Arrivée au Saas de Gand.

Tout était plein à notre arrivée; et nous fûmes contraints de rester, pendant la nuit, sur des bancs, dans une auberge. Le lendemain, je demandai à un capitaine de vaisseau quelle était sa destination ; il me dit qu'il allait partir sous deux heures pour Middelbourg, et de me dépêcher de passer à son bord, si je voulais m'embarquer. Craignant l'arrivée des Français, et m'estimant fort heureux de me trouver à l'abri des fusillades de ces cruels persécuteurs, je m'élançai promptement dans le vaisseau, rempli d'émigrés et de prêtres : nous partîmes à neuf heures, et nous arrivâmes à six heures à Middelbourg.

Middelbourg, capitale de la Zélande, dans l'île de Walkeren, est à cinq lieues de l'Ecluse, et à une lieue de Flessingue : cette ville est parfaitement bâtie, très régulière, les rues grandes et bien tenues, par la quantité de pompes qui servent à les laver. A mon arrivée, je me portai seul sur le bord du canal, où la mer vient aborder : j'examinai avec plaisir quantité d'hirondelles de mer qui venaient prendre du poisson, presque à mes côtés ; mais, dans son reflux, elle laisse un limon verdâtre et épais qui jette une puanteur si forte, que j'aurais vomi, si j'eusse resté plus longtemps sur le bord de ce canal, qui vient dans la ville. Je me décidai à repartir sur un autre vaisseau, remerciant les habitants qui m'offraient de me loger et de me nourrir. Je m'estimai heureux de mon refus ; car sur quarante-cinq prêtres qui restèrent, il en mourut trente : j'eusse été sans doute du nombre.

Mauvais air de Middelbourg.

Il y a dans cette ville une foire qui dure de dix à quinze jours : elle est une des plus belles du royaume de

Hollande et des pays voisins ; les juifs, qui y font un grand commerce, m'ont assuré qu'ils s'en retournent souvent avec des fièvres de neuf mois. Les Français qui ont resté à Flessingue ont presque tous été victimes de ce fléau.

On voit, à Middelbourg, les femmes de la Zélande enrichies d'un costume qui leur est propre ; leurs vêtements, tissus d'or et d'argent, leurs bonnets analogues, des plaques d'or sortant de dessous ce bonnet, et qui viennent se porter à côté de leurs oreilles ; en un mot, leurs ajustements annoncent la plus grande opulence.

De Middelbourg passai à Dort.

Le vaisseau sur lequel je m'embarquai nous conduisit à Dort, à cinq lieues de Roterdam. Dans ce trajet, nous passâmes par des endroits dangereux, dont les écueils ou gouffres étaient marqués par des tonneaux peints en blanc, attachés à des ancres,

et surnageant à la surface de la mer :
on les voit de très loin, et on les
nomme balises. Nous arrivâmes le soir
dans cette ancienne ville, dont les pi-
gnons des maisons, penchés sur les
rues, avaient l'air de tomber ; mais il
paraît que cette manière ancienne de
bâtir était assez solide, puisque les
bâtiments existent depuis un temps
très reculé. Je descendis dans une
assez belle auberge, où le maître, très
honnête, m'aborda et me demanda où
je comptais me fixer. Je lui fis part de
ma situation : il voulait me placer dans
la ville ; mais lui ayant dit que je désirais aller à Gorcum, chez M. Hubert,
qui m'avait fait offre de sa maison,
dans le cas où les Français viendraient
dans le Brabant, mon hôte de Dort me
trouva sur-le-champ un vaisseau qui
partait pour Gorcum, et ne voulut rien
prendre pour mon souper et mon coucher. J'arrivai le soir chez M. Hubert,

De Dort je re
tournai à Gorcum

que je trouvai dans la tristesse, son fils s'étant noyé dans la mer en se baignant. Du reste, il me reçut bien, et le lendemain me conduisit avec lui à l'église catholique, et pria de ses amis à dîner avec moi; mais, sur le soir, il me dit qu'il ne pouvait me garder, vu que ma présence faisait sensation dans la ville, et que les révolutionnaires lui avaient fait reproche de me garder chez lui; et qu'un vaisseau partant pour Roterdam, il me donnerait des connaissances, et paierait ma place dans le vaisseau, qui partait à sept heures du matin. Je dis adieu à M. Hubert, le remerciai, et partis pour Roterdam. Pendant ce trajet, je fis connaissance avec un négociant de la ville, qui parlait français. Je lui fis part de ma situation; il me dit qu'il me placerait à bon marché chez un de ses ouvriers, et que j'y serais en sûreté. J'acceptai l'offre, et fus loger au haut

De Gorcum je pars pour Roterdam.

de la maison, sous un toit, à 10 fr. par mois. Le lit était mauvais et composé d'un matelas si médiocre, que je sentais la barre du milieu qui me brisait les reins, de manière qu'il m'était impossible de reposer. La goutte s'empara de moi, à la suite de cette malheureuse position; étant dans l'impossibilité de me reposer dans un tel lit, comme je n'avais personne qui parlât français, j'eus recours à un dictionnaire hollandais et français, au moyen duquel je disais quelques mots à mon hôte, qu'il avait grande peine à entendre, vu le défaut de prononciation. Pour comble de malheur, souffrant cruellement, la fille de la maison, laide à faire peur, chantait continuellement dans ma chambre, et étendait son linge tout dégoutant sur des cordes tendues sur mon lit. Jugez de ma triste position, ne pouvant me plaindre ni la faire taire ! Je demandai mon hôte, en prononçant son nom : il était protestant, très bête, mais assez bon homme. Je lui demandai s'il pouvait me faire venir un prêtre catholique : *En priste catholaique*, me dit-il ; je répondis *eiea*, qui voulut dire oui. Pour sa commission, je lui donnai un verre de genièvre, dont il fut très content, et but à ma santé. Il me vint un prêtre carme : ils étaient quatre qui seuls desservaient l'église catholique de Roterdam. Cet honnête et jeune ecclésiastique, dont je me ressouviendrai toute ma vie avec reconnaissance, vint me trouver dans mon grenier, et gémissant sur mon grabat. Je lui fis le récit de ma situation et de mes malheurs, ayant tout perdu, ne connaissant personne, ni la langue du pays, étant malade, et ne pouvant me lever à cause de la légèreté de mes habits d'été et du froid cuisant du climat ; que j'avais été curé, et vivais dans la plus grande opulence ; mais qu'ayant été volé d'une malle, qui faisait toute ma ressource, je me trouvais réduit à cette misérable position. Cet honnête et généreux ecclésiastique entra dans tous les détails analogues à mon soulagement et à mon bonheur, et, courant promptement chez des matelots charitables et aisés, m'apporta un grand gilet de toile à carreaux pour mettre dans mon lit, deux grandes vestes antiques à grands pans, l'une de velours de coton noir, et l'autre de calmande, aussi noire, quatre paires de bas de laine et deux paires de gants ; et, après ces présents précieux pour le moment, il me demanda si je pouvais dire la messe ; qu'il m'en procurerait cinq par semaine, qui, à un florin de 2 francs chaque, feraient 10 fr., et que cela suffirait pour me nourrir, loger et blanchir, chez de bons et honnêtes catholiques.

Ces moyens de soulagement et de consolations me guérirent bientôt. Il me plaça chez un boulanger catholique, dont l'épouse, aussi délicate qu'honnête, ainsi que ses deux filles, me comblèrent d'attentions et de générosité. Il y avait à ma pension un médecin qui parlait français. Pour témoigner à mon hôtesse ma reconnaissance, je lui demandai comment, en hollandais, on pourrait la saluer. Ce méchant Hollandais me souffla deux ou trois mots remplis de sottises et de libertinage. La brave femme me fit entendre de ne pas répéter ces sottises, vu qu'il était un mauvais *man*, qui veut dire mauvais homme.

Je me trouvais heureux dans ma position, lorsque le chirurgien de l'hôpital vint me demander pour instruire ses deux garçons : je l'acceptai volontiers, pour procurer ma place à un ecclésiastique dans le besoin et sans

Malice d'un médecin.

place ; mais ce ne fut pas pour longtemps, car, à l'arrivée des Français, il
perdit sa place et se trouva dans l'impossibilité de me nourrir. Son épouse,
dure et méchante, me faisait pour ainsi
dire mourir de faim : presque tous les
jours, des pommes de terre, des carot-
tes, et d'autres légumes, le tout sans
pain. Elle m'en donnait une demi-once,
en disant : « Ces Français mangent
« beaucoup de pain ». J'étais si mal
nourri, que pendant la récréation des
enfants, après le dîner, je mangeais un
morceau de pain de seigle caché dans
ma malle, et dont on ne s'apercevait
pas, sans quoi on m'aurait mis à la
porte. Son fils, pître, vint me dire que
sa mère m'avertissait de sortir de sa
maison. Etonné, je demandai au petit
pître s'il fallait sortir sur-le-champ.
Parle à ta moudre, lui dis-je, demande-
lui s'il faut partir tout à l'heure. Elle
répondit qu'elle me donnait huit jours,

et qu'elle ne voulait pas me jeter à la porte comme un chien, *als hunt*, ce qui m'étonna de sa part, car je tombai malade chez elle lorsque j'arrivai dans sa maison. Je fus huit jours au lit sans entendre parler de cette femme; mais son mari venait me voir, et avait soin de moi.

Ma demeure chez un protestant. Aussitôt son avertissement, je cherchai un logement à grand marché, et en trouvai un où l'on voyait à peine le jour, montant par un escalier qui n'en recevait point; mais aussi ne me coûtait-il que 5 fr. par mois.

Je me trouvais bien chez un coutelier protestant, sa femme et ses enfants ayant grand soin de moi gratuitement. J'y fus malade un mois, mais elle me faisait veiller par ses enfants. Il y avait trois religions dans la maison : le protestant, qui était mon hôte, occupait le rez-de-chaussée, moi le premier, et un juif au second. Le soir, chacun priait à sa manière. Le protestant chantait des cantiques, moi des *Credo* et *Kyrie*, et le juif se balançait d'une force à faire peur, surtout le jour du sabat; pinces, table, pelle à feu, chaises, tout changeait de place avec un fracas terrible, et suivait une prière générale d'une heure au moins. Moi, qui ne savais qu'un juif était au-dessus de mon appartement, entendant à minuit ce tapage, je fus transis de peur; mais, instruit de son logement, cela ne me fit plus d'impression par la suite.

Les Français arrivés, je fus contraint de sortir pour céder ma chambre, et de me sauver à La Haye, pour me rembarquer pour l'Angleterre; mais le vaisseau, que nous avions retenu pour vingt personnes, fut requis par le prince d'Orange pour passer en Angleterre, avec toute sa famille et ses effets précieux. Je fus le triste témoin de leur départ, à dix heures du soir, par la gelée la plus forte. Je vis toute la famille passer sur la glace, et s'embarquer, au regret de toute la ville, qui ne cessait de répéter les bonnes actions du prince, sa douceur, sa bonté et sa générosité pour les pauvres, ainsi que toute sa famille : en un mot, je vis la ville en désolation, et nous y fûmes très sensibles, ayant eu pour nous toutes les attentions possibles, en nous protégeant dans ses Etats. Il a été regretté de tous ses sujets et de tous ceux qui avaient habité la Hollande. Nous restâmes donc à la merci des Français, qui avaient fusillé tous ceux qu'ils avaient rencontré fuyant, et d'autres qui furent faits prisonniers.

Il y eut un ordre qui enjoignait aux habitants de La Haye de dénoncer les émigrés, tant laïques qu'ecclésiastiques, qu'ils logeaient chez eux, sous peine de mort ; il eut son effet ; mais celui de les fusiller sur la place n'eut pas son exécution.

Mon hôte, nommé Fendec, qui était voué au prince, et était très juste et honnête, me dit que, quand il devrait perdre la vie, il ne pourrait me déclarer, ce qu'il exécuta. Je fus caché pendant cinq jours chez lui ; mais, ne pouvant tenir à une aussi sévère réclusion, je me décidai à me promener dans le bois de La Haye. Comme j'étais habillé en hollandais, cette mise me donnait de la hardiesse ; mais la neige était si haute, et le sentier si étroit, que, lorsque je rencontrais un Français, il fallait se prendre l'un à l'autre pour prendre son chemin, ce qui me contrariait fortement ; mais embarqué, je gagnais le bois de La Haye : là, je me promenais, lorsqu'un piquet de Français, un sous-officier à leur tête, vint vers moi directement. Je disais en moi-même : je suis perdu !

l'on va me reconnaître, et me fusiller. Le chef m'aborde, et, me présentant son billet de logement, me demanda si je connaissais le lieu; mais je répondis en hollandais : *Ik ben hollans man mener*. Je vous demande ce logement, dit-il. Je répétai la même chose, *nit franx*. Je lui disais : je suis Hollandais, et je ne parle pas français. Il dit à ses camarades : Vous nous avez fait aborder ce cochon hollandais bien mal à propos : avec son *ik ben hollans man mener*, nous voilà bien avancés. Ils reprirent leur chemin; je n'eus garde de parcourir le même sentier; je pris un chemin plus court, et me rendis bien vite à la maison, remerciant Dieu de m'avoir sauvé, en m'inspirant ce langage. Ne sachant que devenir, je

me hasardai à paraître devant les deux représentants, Alquier et Cochon, comme un Hollandais; et vantant mes qualités et mes prétendus talents, je les priai de permettre à un prêtre de passer à Bruges, où il avait fait un contrat qui lui donnait nourriture et logement : ces représentants m'écoutèrent avec attention, et me dirent que si ce curé était tel qu'on le représentait, il pouvait leur adresser un mémoire, auquel ils répondraient, et qu'ils chercheraient à l'obliger. Voyant leurs dispositions favorables, je leur dis que j'étais l'ecclésiastique en question : ils se mirent à rire, et me dirent de présenter ma demande, et qu'en attendant la réponse, je pouvais aller et venir, et rester tranquille.

Je me présentais souvent au secrétaire, sans réponse ; et pour comble de malheur, on fit pendant ce temps des motions en France contre les ecclésiastiques : néanmoins, pressé par le besoin, je me présentai encore, priant avec instance de me laisser passer dans le Brabant ; mais l'acharnement des Français ne leur permit pas de me donner la liberté que je demandais, et mon mémoire fut apostillé de cette manière : *attendre le décret qui doit être porté à l'avantage du pétition- naire.*

Trouvant cette réponse favorable pour rester en Hollande, je retournai à Rotterdam, chez mon coutelier, qui, pleurant mon départ pour La Haye, me reçut à bras ouverts, et inventa un lit à part pour ne pas être en société avec les soldats français. Il fut convenu que nous ne parlerions que hollandais, et que pour les entendre parler, il m'occu- perait dans sa boutique à polir des ciseaux, ce que je fis facilement, de sorte que pendant leur repas, où ils parlaient de la Vendée, de leurs cruau- tés, commises depuis Laval et dans le Mans, ils désiraient encore y retour- ner pour persécuter les royalistes et les prêtres, et, disaient-ils, s'enrichir. Il y en avait un proche de ma cure. Mais mes fonds allant à leur fin, je désirai encore une place, et par hasard, allant acheter dans une petite boutique pour deux sols de fromage pour mon dîner, la marchande m'en donna pour dix sols ; je ne voulais pas le recevoir : elle me dit qu'il n'y en avait que pour deux sols ; elle ne parlait que hollandais, et la misère doublait mon langage ; elle me dit : Vous êtes un bon prêtre, et vous demeurez chez un protestant ; je lui dis que j'étais fort mal logé, et que je me trouvais malheureux et sans ressource ; que si elle pouvait, ou ses connaissances, me trouver un grenier, qui ne fut pas cher, j'y logerais volontiers. Cette femme me dit de venir dîner chez elle le lendemain, et qu'elle parlerait pour moi à son mari ; j'y allai suivant son invitation. En entrant, on me demanda la bénédiction, ce qui m'assura de leur religion et me fit

grand plaisir. Au milieu d'un bon dîner, la femme me dit : Venez dîner trois
fois par semaine ; nous ne sommes pas
riches, mais nous ne pouvons voir
souffrir un bon prêtre. Madame, lui dis-
je, prenez-moi pour six mois, vous
adoucirez mon sort, après ce temps je
ne vous serai plus à charge. Sa petite
fille, comme si elle eût été inspirée de
Dieu, se leva de sa place, quitta le côté
de sa mère, et vint me trouver ; elle
prit ma main et la baisa, puis regardant son père et sa mère, proféra ces
paroles : O mon père ! ô ma mère !
prends, je t'en prie, ce bon prêtre !
Elle le dit en hollandais de cette manière : *O vadre ! o moudre ! nemt so
tù belifen, goud priste !*

Le père et la mère, attendris par les
paroles de leur enfant, et sensibles à
ma situation, dirent entre eux : Nous
n'avons jamais rien fait pour Dieu,
gardons ce bon prêtre. Ils firent venir

une femme, qui parlait français, lui dirent de m'assurer que, malgré leur faible position, ils me garderaient tant
qu'ils pourraient, et que je pouvais être
tranquille.

Heureusement placé chez ce maçon,
dont la femme tenait une petite boutique, j'allais dire la messe chez M. Keu-
pres, le plus riche de Rotterdam,
ayant, dit-on, cent mille livres de
rente ; il avait une aimable épouse et
huit jolies demoiselles : j'y déjeûnais
tous les jours, et donnais des leçons de
géographie aux trois grandes ; après,
je donnais dans la ville des leçons de
langue française et de géographie. Je
bornais mes occupations à donner, à
ceux que j'estimais, soit Hollandais,
soit Français, des leçons d'équitation,
d'escrime, pour les faire tenir droits et
se présenter avec grâce, les faire mettre en garde, tirer au mur proprement
et leur faire faire le salut avant de

commencer, ce qui plaisait fort aux parents. Mais je ne voulus que trois écoliers, le tout sans assaut, cet art n'étant ni de mon goût ni de mon état. Mais que ne ferait-on pas pour vivre et obliger des amis ! Voyant d'ailleurs que tous les moyens honnêtes d'instruction pouvaient s'employer sans difficulté dans ce pays, même faisaient honneur et inspiraient la confiance, je faisais l'impossible pour me rendre utile dans ce lieu de douceur et d'hospitalité, et la mériter.

Je fus demandé pour exercer les fonctions curiales au Pest-Heuse, à une demi-lieue de la ville, le curé étant très malade ; alors je cessai mes leçons pendant ce temps, et de l'agrément de toute la ville.

Fonctions cu-
riales de l'auteur.

Comme je parlais un peu la langue de manière à me faire entendre, je courus vite à cette cure pour y confesser et administrer un matelot très malade

à l'hôpital, où j'entrai pour mon ministère. La salle où était ce malade renfermait au moins quarante lits, occupés par toutes les religions, puisqu'il
y en a dans ce pays au moins de douze
sortes. Je vis avec plaisir tous les
malades en attitude de respect et de
vénération, pendant l'exercice de mon
ministère, et peu de temps après le
malade mourut.

Le lendemain dimanche, j'annonçai
la mort de ce matelot, le recommandai
aux prières des assistants, et annonçai
la fête de Saint-Pierre, le tout en hollandais; et lorsque je fus tourné à
l'*orate*, *fratres*, je vis un homme avec
une petite boîte au bout d'un grand
bâton, dire à haute voix : *Fort priste*,
en le présentant, ce qui me donna une
grande distraction; il demandait, par
ces paroles : Pour le prêtre.

L'église où je disais la messe servait
aux culte catholique et protestant;

après mon office, on tirait un rideau devant l'autel, et la même chaire, ainsi que les bancs, servaient aux deux cultes.

Comme je m'habillais pour la messe, attendant dans la sacristie, j'aperçus deux têtes de mort placées en face, et je demandai au sacristain de quels sujets étaient ces têtes? Elles sont de deux sujets âgés de vingt ans, me dit-il, dont l'une était d'un blanc, Européen, et l'autre d'un nègre du Brésil.

Alors, ayant appris que les sauvages qui habitent sous la ligne allaient tête nue, sans craindre l'influence du soleil, vu l'épaisseur de leur crâne, il me fut facile d'en faire la comparaison : j'aperçus, dans le crâne du nègre, une épaisseur presque double de celui du blanc. Les crânes se levaient et se plaçaient facilement. Je fus satisfait de cette observation.

Pour arriver à cette cure, il fallait

passer la Meuse, qui, élevant ses flots avec violence à une hauteur terrible, faisait une telle peur aux matelots, que, pendant toute la traversée, ils ne cessèrent de prier Dieu et de faire des signes de croix, ce qui ne m'encourageait pas pour la desserte de cette cure : je remplis cependant ma mission avec un courage qui m'étonnait moi-même. Mon curé rétabli, et ma mission remplie, je retournai à mes occupations ordinaires ; mais je m'exposai à un grand malheur. Me promenant, de grand matin, sur un petit canal hors la ville, je passai près d'un homme qui se lavait les pieds : il était grand, et m'avait l'air d'un tailleur, ayant une pelotte cousue sur le parement de son habit, avec quelques aiguilles. Je m'arrêtai un moment, pour lui dire que plus haut il y avait un endroit plus beau et plus commode. Nous entrâmes en conversation : je lui dis mon état, et

Aventure tragique d'un ministre anglais.

il me fit l'aveu qu'il était un adjudant du duc d'Yorck, et qu'il avait été pris et enfermé dans la tour d'Utrecht, et condamné à être fusillé ; qu'il avait sauté sur un toit d'une grande élévation, et que, de ce toit, il était tombé à terre ; qu'il avait, pendant la nuit, monté sur la charrette d'une laitière, et qu'il venait d'arriver, mais qu'il ne savait que devenir. Je lui dis de m'attendre ; et, à l'instant, je fus trouver un ministre d'Angleterre, qui était resté, comme particulier inconnu, pour observer la marche des Français. Il m'avait un jour accusé sa mission, et m'offrit, en déjeûnant, de me faire repasser à Londres. Je lui fis part de la singulière rencontre que je venais de faire ; et, l'ayant instruit de la dangereuse position de cet officier, il me dit d'aller trouver au café un Anglais que je connaissais, avec ordre de venir de suite avec moi voir cet infortuné. Nous le trouvâmes bientôt ; et, à peine lui avons-nous parlé, que, plein de confiance, il vient avec nous chez le ministre, qui ordonne de le conduire au dépôt connu seul des Anglais ; et, dès le lendemain, il lui donne vingt guinées, et le fait partir avec vingt personnes sous sa direction.

Le vaisseau partit ; mais un autre bâtiment qui devait le suivre le lendemain fut arrêté, visité. L'on saisit la correspondance du ministre : il fut arrêté comme espion ; intimidé, il eut la faiblesse de nommer le brave Anglais que j'étais allé chercher au café : il partagea son sort et courut le plus grand danger. J'avais peur d'être aussi arrêté, par suite de cette affaire ; aussi je fus longtemps sans fréquenter le café. Ce ministre m'aurait nommé : heureusement il ne connaissait point ma demeure, et ne se ressouvenait pas de mon nom : c'est ce que m'apprit le

Suite de l'aventure où je courus de grands risques.

brave Anglais, que je trouvai à la
porte de la prison : il sortit, au bout
de trois mois, maudissant le ministre,
qui faisait le fou en prison pour n'être
pas supplicié. Il n'avait rien à redouter
des Hollandais, prudents et lents à
punir, et qui n'étaient pas dans le sens
des Français.

Par reconnaissance pour la petite
Drusin, âgée de dix à onze ans, fille de
mon maçon, qui avait parlé à ses parents avec tant de sensibilité, et même
d'éloquence, pour me garder, je m'occupai de son instruction : elle faisait
tant de progrès dans la langue française et la géographie, que j'en étais
étonné, ainsi que son père et sa mère,
qui redoublaient leur attention, en voulant m'habiller et me nourrir avec du
pain ; mais, sentant leur position, je
m'y opposais. J'avouerai que, montrant la langue française à cette enfant, qu'elle répétait en hollandais,

j'appris la prononciation de cette langue, bien différente de la manière dont elle est écrite.

Le chef d'une école hollandaise, qui avait soixante écoliers, ayant entendu parler de la petite fille, désirait voir par lui-même les progrès qu'on lui annonçait. Il faut remarquer que les écoliers, au bout de sept à huit ans, parlent un peu le français, mais conservent toujours leur accent. J'y conduisis mon écolière : il demanda combien de temps elle avait mis à apprendre la langue? Je lui dis qu'il y avait trois mois qu'elle avait commencé. Il n'est pas possible, dit-il, qu'elle puisse prononcer un mot de français, et qu'elle ait la moindre connaissance en géographie. Il lui présenta une grammaire : elle traduisit aussitôt le hollandais en français, mot pour mot, et sans autre accent que le français, de manière que l'on croyait qu'elle avait été élevée en

France, et que je l'avais amenée avec moi. Il lui présenta ensuite plusieurs cartes géographiques : d'abord l'Europe, dont elle distingua tous les pays, leur position, leur élévation, etc., et ainsi des trois autres parties du monde. Cet homme fut stupéfait, et n'en demanda pas davantage. Cette épreuve fit sensation dans la ville, et me fit beaucoup d'honneur.

La ville de Rotterdam est située sur la Meuse et sur la mer ; elle est grande, belle, marchande, possédant un superbe port, des canaux où les plus grands vaisseaux, venant de toutes les parties du monde, entrent majestueusement dans la ville, et vont s'arrêter devant chaque magasin où la décharge du vaisseau s'opère avec la plus grande facilité ; et ces vaisseaux passent par différents ponts à bascule, dont l'ouverture se fait avec précision et à temps, pour ne retarder d'un seul instant leur passage. Les rues sont bien pavées en briques, les maisons sont bien bâties ; et l'on porte si loin la construction et l'embellissement du devant des maisons, que la plupart de leurs façades sont boisées avec grâce, et peintes de différentes couleurs. Leurs maisons et leurs croisées sont lavées intérieurement et extérieurement tous les vendredis, avec des pompes foulantes, et beaucoup sont tapissées de faïence, dans l'intérieur, que l'on applique contre les murs. L'eau n'y est saine que lorsqu'elle a bouilli ; et, par ce moyen, personne n'en est incommodé.

Il y a à Rotterdam la statue d'Erasme, en bronze, placée sur le pont de la grande place. Ce philosophe, si célèbre par sa doctrine et plus encore par ses écrits, avait pris naissance à Rotterdam. Il y est représenté tenant un grand livre ouvert à la main, où sans doute étaient renfermés ses proverbes et ses colloques. Ce docteur mourut à Bâle, âgé de 70 ans.

Tous les ans on lave sa statue, en lançant l'eau du fond de la place, à l'aide d'une forte pompe. Je ne sais si cet usage est commandé par le besoin de la propreté, ou si c'est une fête populaire : ce que je puis dire, c'est que j'ai vu un nombre infini de monde lors de cette opération.

Bonté et douceur des Hollandais.

Les Hollandais sont doux, hospitaliers, ont des mœurs, et tiennent leur parole ; mais ils ne se lient avec les étrangers qu'après s'être assurés de leur conduite et de leur probité, et de l'utilité de leurs occupations.

La police y est très suivie, mais sans démonstration : on ne voit point de gendarmes en uniforme : elle se fait par des hommes de vigueur et de la plus forte construction. Ils sont habillés en bourgeois, et s'emparent d'un homme sans faire aucune démonstration ni aucun bruit.

Dans les *kermès*, ou assemblées considérables remplies de voitures, je n'y ai jamais vu ni trouble ni blessés, ainsi que dans les *palembum* et les *musico*, lieux de divertissements.

Lorsqu'un enfant de douze, treize ou quatorze ans, a commis un vol ou autre délit qui n'est point devenu public, la police, qui s'est assurée de son crime, le conduit en prison, où il est battu de verges, et il est de suite rendu à sa famille, qui se trouve très heureuse de cette correction secrète. *Correction d'un enfant criminel.*

Quand on bat de verges, l'on attache le criminel à un poteau placé sur un échafaud : on le lie par la ceinture, on lui attache les jambes ; et, avec une poulie, on lui élève les bras et les mains ; puis, déshabillé jusqu'à la ceinture, on lui donne cent coups de verges de bouleau, et l'on en change *Manière de battre de verges.*

de dix en dix. Cette exécution est très douloureuse.

Les femmes voleuses sont attachées en haut, dans une niche, ayant sous leurs bras les effets volés, et sont chassées de la province.

La peine de mort s'exécute par la potence, comme autrefois en France. J'y ai vu un voleur, habillé en veste noire et en bottes ; mais les Français, ne connaissant que la guillotine, coupèrent la corde qui le suspendait. Les lois du pays exigent l'aveu du criminel, sans lequel il ne peut être supplicié. Quand même le crime aurait eu lieu en présence de plusieurs témoins qui en certifieraient la vérité, on ne pourrait le condamner sans son aveu. Pour l'obtenir, lorsqu'on est sûr de son crime, on le bat de verges en prison, pour lui faire avouer ledit crime ; et, n'avouant rien, on le laisse encore six mois, et après ce temps on le bat encore de verges ; mais cet homme, qui serait sûr de mourir à la suite de son aveu, se déclare toujours innocent ; mais il est constamment retenu en prison.

Les lois sur la chasteté sont scrupuleusement observées : un homme marié qui se conduirait mal avec une fille est poursuivi devant le grand-maïeux, et condamné à une amende proportionnée à sa fortune : il y en a qui sont condamnés à 6.000 francs d'amende.

Les filles publiques, qu'on appelle des *houres*, y sont extrêmement méprisées.

Les Hollandais s'occupent sérieusement de leur commerce ; ils sont ou dans leurs comptoirs, ou au café, ou à faire des affaires avec d'autres négociants. Ils jouent aux dames avec une lenteur et une prudence de combinaison : un Français jouerait quatre parties contre une d'un Hollandais ; mais celui-ci, calculant plus mûrement, donne quelquefois un quart des dames, et enlève tout le damier.

Les Hollandaises sont aimables ; et en général jolies et de belle couleur : nourries avec du poisson et des pommes de terre, elles sont grasses et vermeilles.

Caractère et conduite des Hollandaises.

Elles sont très sages, sortent peu, ou elles s'assemblent plusieurs ensemble pour travailler. Les demoiselles, tenant de leur mère, sont bien faites et jolies, et s'occupent sans cesse sous les yeux de leur mère, ou vont apprendre à coudre, à broder, à faire des robes pour s'habiller elles-mêmes.

Il est malheureux qu'il n'y ait ni écoles, ni communautés pour les demoiselles : on était autrefois contraint de les mener dans le Brabant, dans des communautés de religieuses, pour apprendre leur religion et le français.

Elles n'ont pas besoin de sortir de

leur pays pour apprendre à connaître les qualités des marchandises, leur prix et leur valeur : dans un pays comme la Hollande, où tout est commerçant, les enfants calculent, et deviennent propres au commerce presque en naissant.

On reproche aux Hollandais d'avoir la jambe un peu forte, ce que je n'ai jamais remarqué, leur construction m'ayant toujours paru assez régulière ; il ne serait pas, cependant, étonnant qu'il y eût un peu de grosseur, à raison des brouillards continuels qui s'élèvent des canaux, de l'humidité et du transport continuel sur le bord de ces eaux. L'observation que je fais vient de ce que les plantes aquatiques sont très grosses à leur base, et menues à l'extrémité : ainsi des joncs et autres plantes. Leurs pores étant plus ouverts et plus dilatés par l'humidité, il pourrait donc en être de même des Hollandais, sans l'assurer, vu mon défaut d'observation. Je dois dire aussi que l'air et l'humidité de ces pays donnent des maladies de nerfs aux personnes délicates ; elles sont souvent contraintes de marcher avec des béquilles ; et les jeunes femmes, dès leur premier enfant, dépérissent visiblement lorsqu'elles ne sont pas soutenues par une nourriture plus abondante qu'à l'ordinaire, et par la double bière, liqueur excellente, et qui, en soutenant la mère, lui fournit abondamment du lait.

Pour prévenir ces malheurs, les Hollandais et les Hollandaises portent des caleçons rouges, teints en cochenille, laquelle s'échauffe et s'oppose aux douleurs de nerfs.

Usage des traîneaux.

Lorsque la glace ou la neige est sur la terre, on ne voit que traîneaux dans les rues. Chacun traîne son épouse, sa maîtresse ou ses parents. Les traîneaux sont faits comme un petit banc d'église,

avec un dossier et au-devant un banc
pour s'appuyer, de sorte que, le poussant par derrière, il avance rapide-
ment, et ce jeu dure presque toutes les
nuits. Les dames ont des mantes. Il
existe de superbes traîneaux couverts
de peaux du nord, avec de beaux chevaux richement enharnachés et chargés de grelots dorés, tant pour le luxe
que pour avertir les passants de se retirer à l'écart ; mais les chevaux vont
si grand train, que l'on risque d'être
blessé par le cheval ou par la glissade
des traîneaux, surtout en tournant. Il
y a des sièges élégants pour les dames,
et au milieu une figure de cheval pour
les cavaliers.

Dans les gelées à glace, l'on ne voit
qu'hommes à patins s'y promener lestement ; et les enfants, pour s'instruire
dans cet art, tiennent leurs pères par le
pan de l'habit, en glissant avec eux.
L'on en voit qui glissent avec beaucoup

de grâce, surtout en tournant, pour s'arrêter.

J'ai vu, sur une plaine de glace, où tous les patineurs étaient rassemblés, deux vaisseaux à patins, porter neuf à dix personnes, qui allaient par le vent avec une rapidité extraordinaire : ils étaient chargés de voiles, et dirigés comme des vaisseaux destinés à la mer; en un mot, leur vitesse était si grande, qu'en trois quarts d'heure ils allaient de Rotterdam à Dort, où il y a cinq lieues de distance. Je fus prié de monter sur un de ces vaisseaux ; mais je remerciai, ayant peur d'être suffoqué par l'air et le froid.

Cette découverte eut lieu à l'arrivée d'un prince d'Orange, qui fit le bonheur de ses sujets.

Au milieu de tous ces nouveaux plaisirs et découvertes, il fut annoncé dans les places publiques que tous les Français devaient sortir de la province sous deux jours. J'étais très triste, lorsque je reçus une lettre : on m'engageait à présenter une requête aux commissaires *ad hoc*, et que je ne manquerais pas de signatures. Je fis de suite cette requête, et je n'oubliai pas de donner le nombre de mes écoliers, les différentes instructions que je leur donnais; et j'obtins les signatures des honnêtes gens, parmi lesquels étaient celles de M. Kenpres, des deux plus fameux médecins, dont l'un était M. Van Orden, et l'autre M. Rouppe : tous attestaient de ma tranquillité et certifiaient mon utilité dans le pays, et ma soumission aux lois.

Ce mémoire eut son plein effet ; et, pour mon bonheur, M. Kenpres et les plus puissants s'assemblèrent sans que j'en eusse la moindre connaissance. Je reçus, chez M. Kenpres, après ma messe, un billet imprimé, que Mlle Kenpres me mit sur mon assiette : il disait que je me présentasse tel jour à la Ville, pour être reçu batave. Je m'y rendis au jour indiqué ; et, ayant prêté le serment requis en pareille circonstance, je reçus ma lettre de réception. Dès l'instant je devins plus libre et me fis des connaissances utiles et agréables. Pour remercier M. Van Orden, que j'allais chercher pour les émigrés et prêtres, et qui se rendait auprès des malades aussi vite que moi, et sa dame, qui assistait les malheureux émigrés de toutes manières, le tout gratuitement, je leur adressai, au premier jour de l'an, ces vers :

A M. VAN ORDEN,

DOCTEUR.

O vous, mon cher docteur,
Dont l'âme est si sensible,
A peindre votre cœur
J'essaye l'impossible.

Quiconque vous connaît,
Connaît l'ami de l'homme :
Pour lui votre art s'accroît,
Ne refusant personne.

Espagnol, Portugais,
Turc, Persan, Tartare,
Italien, Français,
Anglais, même barbare ;

Qu'importe la pensée,
Votre système humain
Joint à sa destinée
L'art d'un grand médecin.

Les talents et l'honneur
Ont-ils d'autre boussole
Que les élans d'un cœur
Qui guérit et console ?

Votre épouse fidèle,
Dont les soins étonnants
Montrent le plus grand zèle
A tous êtres souffrants ;

Très sensible au malheur,
Inquiète sans cesse,
Du faible, dans son cœur,
Partage la tristesse.

Agréez donc mes vœux,
Couple digne d'envie :
Je vous désire heureux
Le reste de la vie.

Mon cœur reconnaissant
Pour vous s'élance en rime :
C'est bien son mouvement
Que vraiment il exprime.

Me promenant un jour sur les canaux, j'aperçus une jument qui m'avait appartenu, et qui me fut volée : j'allai près d'elle ; elle parut me reconnaître. J'eus un vrai plaisir à la voir et fis le lendemain la même promenade, pour avoir le même plaisir ; mais je ne l'ai jamais revue. Je l'ai regrettée singulièrement, vu que son tirage à ma voiture était vigoureux et élégant.

Ma reconnaissance envers M. Tindek.

M. Tindek, chez qui j'étais logé à La Haye, et qui, au risque de sa vie, me tint caché à l'arrivée des Français, comme je l'ai dit plus haut, se trouvant sans état et sans ressource, je louai une maison à Rotterdam, et le fis venir avec son épouse et sa demoiselle, pour tenir une école française de filles et garçons. Les connaissant pour

de très honnêtes gens, je les annonçai ; et, à leur arrivée, la dame et la
demoiselle eurent douze écolières, et le
père dix garçons, ce qui les soulagea
heureusement. J'allais, le soir, leur
dire ce qu'ils donneraient à apprendre ;
et, de temps en temps, j'allais visiter
cette double école, pour applaudir ou
blâmer avec prudence et douceur. Il
n'y eut personne plus reconnaissant
que cette bonne famille : je passai en
France à leur grand déplaisir. J'allais
souvent chez M. Leroux-Laville, consul de France, et mon ami, à qui je
servais souvent de secrétaire : cet
honnête consul était très bon et très
humain, aimait les émigrés et les déportés, lesquels, me voyant lié avec
lui, n'en étaient pas fâchés, vu qu'ils
m'auraient trouvé, s'ils eussent eu
quelques désagréments, pour les soutenir. C'est ce qui est arrivé une
seule fois. Madame Leroux, sa bonne

et aimable épouse, avait des qualités rares et un cœur excellent ; elle savait, ainsi que son mari, se faire estimer des Hollandais. Au premier jour de l'au, je leur présentai ces vers :

VERS A M. LEROUX-LAVILLE (1)

CONSUL DE FRANCE A ROTTERDAM.

O ! cher consul français,
Très digne de mémoire,
Tenez d'un Hollandais
Les vœux les plus sincères.

Bourgeois, de son métier,
Ce n'est pas un grand homme;
Mais c'est un ouvrier.
Qui connaît sa personne.

Le pays n'est pas fort
Quand il s'agit de rime,
Mais sait faire un effort
Pour fixer son estime.

(1) Mme Benoît, qui a porté l'art de la peinture au plus haut degré, est fille de M. Leroux.

Dans votre consulat,
Vous savez l'inspirer,
Et l'homme délicat
Sait bien vous apprécier.

Quand d'un aussi bon cœur
Et d'une aussi belle âme
On est toujours porteur,
Et toujours hors de blâme,

On mérite, ma foi,
Le vœu le plus sincère,
Y eût-il une loi
Qui défendît d'en faire.

Agréez donc, ami,
Le cœur d'un vrai Batave ;
Il n'est point rétréci,
Ne fut jamais esclave ;

Mais, libre dans son choix,
Fort en fraternité,
Il vous donne sa voix
Pour l'immortalité.

Vous vivrez à jamais
Dedans notre mémoire,
Et nos vœux, désormais,
Sont pour votre gloire.

Si vous quittiez d'ici,
Le Batave attristé,
N'ayant plus son ami,
Serait très désolé.

Il charmait son loisir,
Il aimait à l'entendre,
Et jamais souvenir
Ne fut pour lui plus tendre.

Mon vœu serait manqué,
Si votre noble dame,
Dont le cœur achevé
A pénétré mon âme,

N'avait mille souhaits,
Et ma reconnaissance,
Et mon cœur désormais ;
Qu'importe ce qu'on pense.

Et n'oubliant jamais
Un couple qu'on admire,
Pour lui tous mes souhaits,
Jusqu'à ce que j'expire.

Ayant été assez malheureux, et sans argent ; par le moyen d'un officier français, je reçus une lettre de change de 600 fr., que je dis à mon maçon d'aller toucher, ce qu'il fit, et me compta ladite somme ; mais je la refusai, et lui dis que le premier argent que j'avais le bonheur de recevoir était le prix de ma reconnaissance. Cet homme était si honnête, qu'il fit des difficultés pour l'accepter. Je lui en donnai encore autant. Jugez des soins et des attentions de mes braves hôtes, que j'étais contraint d'arrêter dans leur générosité. Lorsque je fus rendu en France, je fis passer à ma petite écolière 200 florins (400 francs).

Les Français n'eussent jamais entré dans la Hollande, sans les glaces qui eurent lieu, car les alliés résistaient fortement ; des révolutionnaires anciens, qui furent chassés par le roi de Prusse, qui fit jeter dans les canaux tous leurs meubles et effets, et qui furent se réfugier en France, engageaient les généraux français à entrer dans la Hollande ; mais ceux-ci leur dirent : « Montrez-nous le chemin, et nous vous suivrons. » Deux vaisseaux furent équipés et chargés de ces révolutionnaires ; mais il fallait passer le Vahal, et les Hollandais et les alliés les

Français dans la Hollande.

Passage du Vahal.

canonnèrent si à propos et si à temps,
qu'ils firent couler bas dans le Vahal
leurs deux vaisseaux : ces hommes
égarés y périrent tous ; et ceux qui
croyaient se sauver en se jetant sur les
mâts, criaient tous : « Ayez pitié de
« nous, nous sommes Bataves » ; mais
ils furent rejetés comme des membres
pourris.

Les églises catholiques sont assez
jolies, mais on n'y arrive que par des
portes bâtardes. Celle de Rotterdam
est presque semblable au Val-de-Grâce
de Paris : les femmes catholiques ont
des chaises pliantes, la plupart en
velours, et l'église est remplie de pail-
lassons ; les femmes y ont toutes des
chauffe-pieds, et les sacristes sont
chargés de les remplir de tourbes, de
manière qu'il y a un feu considérable
dans la sacristie, ainsi que dans l'église
des magasins de ces chauffe-pieds,
qui remplissent un grand espace, et qui

sont trop visibles ; mais, dans un pays si froid et si humide, il est nécessaire de prendre ces précautions-là.

Les églises des protestants sont, pour la plupart, d'anciennes cathédrales du culte catholique, dont le chœur est conservé et grillé comme autrefois ; mais il sert de magasin pour mettre des planches et du bois, vu que les cérémonies des réformés se font dans la nef, ainsi que leur cène.

Les juifs sont pour la plupart misérables et crient à vendre un bouquet de persil, et d'autres choses de peu de valeur : ils souffrent souvent la faim ; j'en ai vu tomber de faiblesse, dans la rue, et avec quelques pommes de terre, ou un petit morceau de pain, on les fait revenir, et ils gagnent leur triste réduit.

Ils sont très obligeants ; j'en ai vu qui aidaient à débarrasser de grandes tonnes de tabac, et qui, par derrière, en tiraient des poignées qu'ils passaient à leurs camarades, de main en main, et, de cette tonne, en dérober plein un sac, que j'ai vu emporter.

Ces juifs sont tellement connaisseurs en pièces d'or, d'argent et de cuivre, qu'en les voyant, ils sont presque assurés de leur pesanteur.

Le soir, les pères donnent des leçons dans ce genre à leurs enfants : ils présentent une pièce, qu'ils mettent entre leurs doigts, et leur en demandent la pesanteur : si l'enfant s'écarte trop du poids, on lui donne des coups de baguette sur la main ; aussi voit-on dans les rues des enfants de dix ans demander aux passants s'ils n'ont point de pièces d'or ou d'argent à vendre ou à échanger : j'en ai présenté, à ces malheureux, une fausse qu'ils ont pesée à la main, et l'ont bien jugée.

Lorsque je voulais faire embarquer, pour l'Angleterre, des prêtres ou des émigrés qui passaient dans la ville, pour 8 sols un juif allait aux informations, et alors je savais le nom du vaisseau et le jour de son départ; le prix pour le passage était ordinairement d'un louis, en contrebande.

A l'arrivée des Français, les Hollandais, craignant le pillage, armés de leur prudente politique, et très lents dans leurs combinaisons, allèrent à leur rencontre, pour faire alliance avec eux. Prudence politique des Hollandais.

Ils eurent le bonheur de réussir, mais à des conditions un peu dures : l'alliance fut conclue au moyen qu'ils donneraient 30.000.000, et qu'ils nourriraient et habilleraient trente mille hommes, pendant trois ans, ce qu'ils remplirent exactement.

Ce pays était alors si riche, que, quoique plusieurs propriétaires de navires eussent passé en Angleterre avec leur mobilier et leur famille, il en restait encore un grand nombre de très riches, et qui avaient plusieurs tonnes d'or dans leurs greniers : chaque tonne est de 100.000 livres : je dis dans leurs greniers, vu que tout est bien fermé, que les tuiles sont scellées avec du plâtre en dedans ; ces lieux sont si précieux aux Hollandais, que celui qui aurait volé par un toit, n'aurait aucune grâce.

Lorsqu'un gros négociant ou marin marie sa fille, il lui donne deux tonnes d'or ou trois, suivant sa fortune.

L'entrée des Français m'attrista, et je fus voir promptement un gros marchand qui était un de leurs partisans, et qui donnait à dîner aux deux généraux qui étaient entrés la veille ; il m'invita à dîner et me conseilla de dire que j'étais Hollandais ; je parlais français avec eux, ce qui les étonna ; mais je leur dis que j'avais fait, pendant dix ans, le commerce de toile, et que j'avais vendu des toiles de Laval et de Saint-Quentin.

Cet homme, qui m'aimait, quoique d'une opinion différente, vu que je montrais à son fils à monter à cheval, et à son neveu à se mettre en garde, me soutint dans tout ce que j'avançais, de sorte que je fus un moment tranquille.

Des troupes françaises passaient à Rotterdam ; je vis deux petits soldats, malheureux dans leur uniforme et dans leur chaussure ; l'un saignait du pied, et l'autre avait un œil presque perdu ; je leur demandai d'où ils étaient : « De Domfront, me répondirent-ils : il y a bien loin, et nous ne le reverrons peut-être jamais. — Vous êtes de Domfront ; connaissez-vous le procureur du roi, M. de la Tournaie, et d'autres que je leur citai. » Cette conversation leur fut très agréable, et je leur demandai s'ils n'avaient point entendu parler de M. de la

Birzolais, mon neveu ; ils me dirent qu'il était sergent de leur compagnie : je les priai de le faire venir sur la place ; il arriva aussitôt, et me croyant mort, il m'embrassa, en me disant, les larmes aux yeux : Est-il possible que je retrouve mon oncle ! Il me mena à la caserne, où je trouvai plusieurs enfants de ma paroisse, qui me montrèrent leurs blessures, et eurent grand plaisir en me revoyant.

Attentions délicates d'un officier français. Le commandant de ces Français, ayant appris mon séjour dans Rotterdam, me pria de le venir voir à la ville, vu que ses opérations urgentes et militaires l'empêchaient de me venir trouver ; ce monsieur, qui se nomme Champorinois, et qui, étant enfant, venait assez souvent chez moi, avec son père, dit à ses officiers : « Ce monsieur est un curé précieux et honorable, et je me fais un devoir de le fêter ; je vous invite à venir au café avec lui,

pour le fêter tous ensemble. » Ils me
comblèrent d'attentions, et ce commandant me pria d'aller à Brille, tant que
son corps y serait : je lui répondis que
le voyage me coûterait : « Vous méri-
tez bien, dit-il, que je vous fasse conduire ; » je le remerciai. Le lendemain,
étant à cheval, et donnant à sa troupe
le signal du départ, il vint à moi sur la
place, me donna la main, et marcha
avec son corps. Il le quitta avec honneur, et revint dans sa famille ; il m'a
fêté depuis en France.

Mademoiselle Rouppe, âgée de quatorze ans, voyant que je montrais la
géographie aux trois grandes demoiselles Kenpres, me fit prier par son
père, fameux docteur en médecine, de
souper, ce que j'acceptai. Je trouvai,
en M. Rouppe, un docteur extraordi-
nairement profond, très parlant et très
aimable ; il avait fait plusieurs voyages
avec la flotte hollandaise et avait fait

beaucoup d'observations intéressantes dans ses différents voyages. Il me parla d'un roi qui avait une fièvre qu'il ne pouvait faire passer, et qui, voyant la flotte prendre des rafraîchissements dans son port, avait prié, avec instance, qu'on lui en envoyât le médecin. M. Rouppe y alla, et après avoir donné à ce roi les conseils nécessaires, celui-ci lui fit signe de le suivre pour être témoin du jugement qu'il porterait au sujet d'un voleur. Le roi était assis sur un siège ordinaire, ainsi que le docteur ; il écouta ce que les témoins affirmaient de cet homme, et après leurs dépositions, il s'empara du voleur, le renversa sur ses genoux, et coulant ses deux doigts entre les dents et les lèvres, il tira son damas et lui détacha la tête du corps avec une adresse étonnante. Ce jugement lui fit tant d'impression, qu'il demanda à retourner à sa flotte, ce que le roi eut peine à lui accorder ;

mais il lui promit de revenir, ce qu'il n'exécuta pas.

Ce docteur, pendant notre souper, me dit que Mlle Baqué, sa petite-fille, désirait se perfectionner dans la langue française, et qu'il me priait de parler français avec elle ; qu'ayant été instruit de ma conduite, et de la confiance qu'on avait en moi, je pouvais me promener avec sa fille tant qu'il me plairait, et qu'à neuf heures je viendrais souper.

J'allais avec elle aux fêtes et aux revues des Français : les généraux que je connaissais venaient avec empressement me saluer ainsi que ma petite compagne.

Tous les soirs, après le souper, la mère et les demoiselles me donnaient plein mes poches de dessert, et M. Rouppe était très reconnaissant des progrès de son enfant : pour répondre à tous ces bienfaits, je composai ces petits vers, au premier jour de l'an.

A M. ROUPPE,

DOCTEUR EN MÉDECINE.

O vous qui des humains
Adoucissez la vie,
La tenez dans vos mains
Lorsqu'elle est affaiblie ;

O vous qui dans votre art
Faites maintes prouesses,
Et, plus fin qu'un renard,
Prolongez la vieillesse ;

Qui, sillonnant les mers,
Avez vogué sans cesse,
Parcourant l'univers,
Avec art et hardiesse ;

Et simples et chaleurs,
Climats et caractères,
Pesé avec honneur,
Et toujours avec gloire ;

Sondé le corps humain,
Fouillé dans la nature,
Aperçu le venin,
Connu la source pure

Qui conduit au repos
Et fixe la santé,
Aux muscles, ainsi qu'aux os,
Donne l'activité ;

Qui, bravant les hasards
Des mers et des contrées,
Avez scruté les arts,
A tête reposée ;

Faisant votre profit
Du bien de chaque terre,
Avez mis en produit
L'utile de la sphère :

Maladies de vaisseaux,
Et des fièvres le germe,
D'un système nouveau
Ont vu le style ferme.

Ce système étonnant
Fut d'abord critiqué ;
Mais bientôt le savant
L'a fortement vanté.

L'Autriche y applaudit,
Et l'on vit l'Angleterre
Vanter de votre récit
La découverte entière.

Agréez donc mes vœux,
Docteur brave et sincère ;
Je vous désire heureux,
Chers enfants, bonne mère.

Vous fixez tous mon cœur,
Et ma reconnaissance
Ne connaît de bonheur
Qu'en la persévérance.

Le ciel me conduisit
Dans votre doux asile :
J'y vis l'homme d'esprit,
Ah ! fuyons l'imbécile.

Que le ciel vous conserve,
O couple de bonté !
Pour vous mon cœur conserve
Un respect mérité.

Des marchands de papiers couleur d'orange trompés dans leur calcul.

Des Français négociants, peu instruits du commerce qui avait lieu en Hollande, apportèrent quantité de papier à tapisserie, et croyaient que le papier couleur d'orange aurait le même avantage que lors du séjour du prince, mais ils furent bien étonnés de le voir rejeté avec mépris : je fus témoin de ce refus, et il fut d'autant plus marqué, qu'ils s'étaient adressés à un révolutionnaire.

Canards.

On amène souvent sur le marché des

voitures pleines de canards, que l'on prénd par centaines à la fois, par le moyen des filets que l'on tend sur la Meuse, dans un endroit rétréci, et par le secours des chiens qui aboient de loin après ces canards, qui se précipitent dans les filets : leur prix est ordinairement de quatre sous pièce. Lorsqu'on en servit sur la table, j'en pris un pour le découper à la manière française, et me mis en devoir d'en offrir à la compagnie ; mais l'on se mit à rire, et à l'instant chacun prit le sien, qui fut bientôt mangé.

Le poisson y est excellent et à bon marché. Le saumon, à 6 ou 8 sous la livre ; les hures, dont on fait peu de cas, ne coûtent que 4 sous pièce ; une grande raie toute écorchée, 4 sous ; l'esturgeon, 8 sous la livre, et le cabillon, excellent poisson, pour 12 ou 15 sous on en a pour le dîner de quatre personnes ; des plies, des limandes, sont étendues toutes vivantes sur le pavé, et se vendent par lots marqués sur le dit pavé ; celui qui a son lot, le met dans une brouette, et le vend presque pour rien : les moules se vendent dans une brouette, et les juifs et autres les mangent dans la rue, près la brouette, et y mettent du vinaigre, que fournit le vendeur ; ils mangent les moules comme des huîtres : elles se vendent à un prix très modique.

Poissons arrangés à la hollandaise. Ces poissons, arrangés à la hollandaise, cuits à l'eau, et trempés dans d'excellent beurre, avec des pommes de terre, le tout sans pain fait une nourriture excellente. J'eus d'abord de la peine à m'y faire, mais par la suite elle me plut tant, que je devins gros et gras comme un vrai Hollandais. Ils sont dans l'usage de pendre, à des échelles doubles, ces petits poissons dans les rues, pour les dessécher, et les vendent un liard pièce.

Les différentes religions vivent d'accord : les pasteurs catholiques et les pasteurs protestants font quelquefois l'office dans un lieu où il n'y a qu'une seule église ; ils se fréquentent, malgré la différence de religion ; car, dans un pays comme la Hollande, où il existe dix à douze sortes de religions, leur mésintelligence ferait grand tort au commerce. Paix et amitié entre les différentes religions.

Les ministres protestants avaient des égards étonnants pour les ecclésiastiques catholiques : j'en ai vu jusqu'à quatre chez un ministre, et lorsqu'ils étaient contraints de sortir des Etats, ils leur donnaient de l'argent pour leur voyage, et quelquefois davantage.

Les corps morts hollandais sont exposés, pendant quatre jours, dans un cercueil très bien fait ; ils sont revêtus d'une chemise plissée jusqu'aux piéds, les manches plissées également, et serrées au poignet avec des rubans : lors- Corps morts hollandais.

que leurs parents et leurs amis vont les
voir, un parent ou un ami lève le dessus, qui tient à quatre chevilles, et qui
s'ôte et se remet facilement, et laisse
voir le mort à son aise.

M. de Zoupol.

J'allais souvent dans la maison d'un
marchand de modes, chez M. de Zoupol;
son commerce était considérable, et il
avait à la tête de son entreprise, sa
dame qui avait avec elle neuf filles de
boutique; cette dame allait tous les ans
à Paris, et rapportait des quantités
prodigieuses de marchandises; elle
était très honnête, et estimée de toute
la ville : j'étais invité tous les soirs à
prendre du thé et du punch, et comblé
d'attentions, de sorte que, lorsqu'ils
avaient quelqu'un à dîner, j'étais toujours invité. Très reconnaissant de
leurs attentions, je les payai de la
même monnaie que les autres qui m'a-
vaient obligé, et leur présentai, au
premier de l'an, ces faibles vers qui

renfermaient ce que j'avais senti et aperçu dans les occupations de madame, et plus encore dans la générosité de M. de Zoupol.

VERS

A Mr ZOUPOL ET Mme MIELLI

A des amis de cœur
Je souhaite santé,
Plaisir et vrai bonheur,
Fruit de mon amitié.

A celle dont la main
Ne connaît de rivale,
Dont le charmant dessin
Ne voit rien qui l'égale.

Les talents et l'esprit,
Le goût, l'art, et la mode
Tout le monde ravit
Et chacun accommode ;

Qui du néant tirez
Des choses surprenantes,
La nature imitez
D'une main si savante ;

Eloignant de vos yeux,
Et rapprochant sans cesse
Un bonnet amoureux,
Fait pour une déesse ;

Redressant chaque fleur,
Ou recourbant sa tige,
Vous donnez la couleur,
Que le bon goût exige.

Le linon en vos mains,
Et la plume penchée,
Fascine les humains :
C'est ouvrage de fée.

Ah ! quel plaisir pour moi
De voir cette franchise,
Même cœur, même foi,
Qui vous caractérise !

Agréez donc ici
Le vœu le plus sincère,
Et le cœur d'un ami
Qui pour vous doit tout faire ;

M'estimant trop heureux
De voir et de connaître
Des amis généreux
Que le ciel me fit naître.

 Demeurant à la Haye, et désirant
passer en Angleterre, dans le cas où

les Français entreraient dans la Hollande, je m'adressai à mylord Saint-Hélène, ministre très affable, qui me dit que, lorsqu'on avait quitté l'Angleterre, on n'y pouvait rentrer sans avoir cent louis à sa disposition : je lui répondis qu'en Angleterre, je n'avais rien pris du gouvernement, et qu'au lieu de cent, je lui en présenterais deux cents, et j'eus sur-le-champ un passe-port ; un de mes vicaires demanda aussi un passe-port ; je dis à mylord que je cautionnais ce vicaire, il en eut un aussi. Il paraît que c'était une forme de demande que ce brave ministre n'usait pas : sa manière riante l'annonçait.

Incertain, dans un cas de presse, si lors de l'embarquement, je n'eusse pu trouver de vaisseau, je m'adressai à tous les ministres qui résidaient à La Haye. Je me présentai chez le ministre d'Espagne, qui présidait à l'emballage de tous ses effets : je lui dis que j'avais un frère en Espagne, et que je désirais y passer ainsi que mon vicaire : il me répondit que le roi lui avait défendu de laisser passer aucun Français en Espagne ; je lui répondis qu'il était bien cruel de laisser sous le couteau des Français, des prêtres, et que j'aurais cru que l'Espagne, le centre de la catholicité, leur eût tendu les bras pour les recevoir ; je lui laissai faire ses paquets, et je me retirai.

Je me présentai chez le ministre de Russie, qui me reçut avec honnêteté ; je lui fis la demande de passer en Russie ; il me demanda quel était mon état : « Je suis prêtre, lui dis-je, et ce monsieur est mon vicaire ; mais je puis me rendre utile dans le pays, en montrant à monter à cheval, et sachant défricher des terres, au point que, avec des machines de mon invention, vingt hommes auront peine à faire ce que quatre feront. » Il me répondit que je pouvais partir et emmener vingt ou trente personnes avec moi, qu'il ne m'en coûterait rien pour mon passage, et que je pouvais compter sur sa protection.

Je me présentai ensuite chez le ministre de Suède, où je fus très bien reçu, et j'obtins ce que je demandais.

Je me présentai encore chez le ministre d'Allemagne : permission favorable. Nanti de tous ces passe-ports, que je possède encore, malgré toutes ces précautions, je me trouvai malheureusement enfermé à La Haye, par les Français, comme je l'ai dit.

Lorsque l'on eut appris que je donnais des leçons d'équitation, l'on me dit que j'étais bien hardi de donner des leçons de ce genre, à côté d'une académie où il y avait vingt chevaux ; je répondis que je donnais des principes reçus dans toutes les académies, et que

Sur les leçons d'équitation.

je défiais d'en donner de plus clairs et de mieux raisonnés ; que, du reste, puisqu'il en coûtait si cher dans une académie pour former un écuyer, je devais être préféré, donnant mes leçons pour rien, et mettant un homme à cheval en très peu de temps.

Les Hollandais s'amusent à tendre des filets dans le bois de La Haye, et prennent beaucoup de petits oiseaux, et plus de pinçons que d'autres ; ils crèvent les yeux à ces derniers, et les mettent dans des cages, au-dessus de leurs portes, dans les rues : ces misérables aveugles chantent admirablement.

On vend la viande désossée, et l'on vend les os le quart de la viande ; le dimanche, on hache les os très menus, et on en fait de la soupe avec du riz. On jette les têtes, les foies, et le dedans des bœufs ; quant aux pieds, on en tire de l'huile, qui sert à plusieurs usages.

Ils font grand cas des grues, et l'on

voit sur des églises, des berceaux pour la ponte de ces oiseaux, qui leur semblent annoncer l'arrivée des vaisseaux ; on en voit dans les rues, près les marchés aux poissons, et les marchandes croiraient faire de mauvais marchés, si elles ne leur jetaient quelques petits poissons pour les soutenir.

Les cygnes, dont on fait un grand commerce de plumes et de peaux, sont entretenus par le gouvernement ; ils vont par bandes, et sont accueillis de tout le monde : si quelqu'un en tuait, ou même nuisait à la ponte, il serait poursuivi dans toute la rigueur de la loi.

Les généraux français, apprenant que j'étais Batave, et instruits de mes occupations, me fêtaient et m'accablaient d'attentions, en me disant que mes connaissances, comme prêtre, les étonnaient, et applaudissaient à mon courage.

Le commandant du régiment d'Estérasi était mon ami ; il était neveu de M. d'Estérasi, et me fit sentir sa peine : je le vis constamment pendant son séjour à Rotterdam, les chefs venaient me voir chez mon maçon.

Fête sur la glace.

Lorsque la Meuse est glacée, ce qui dure longtemps, il y a une foire qui dure huit jours sur la glace : tout le monde se promène ; il y a des cuisines et des cafés établis sur cette glace, où les carrosses vont un train à faire peur : cette fête est charmante.

Le papier hollandais est très beau, vu qu'il est fait de chiffons fins, les toiles de ce pays étant très belles et fines : le moindre soldat ou marin ne porte pas une chemise qu'elle ne lui coûte six francs.

Vaisseaux hollandais.

Tout le monde connaît la légèreté de la construction de leurs vaisseaux, dont la manœuvre est très active, à raison du petit volume d'eau qui s'oppose au virement de bord.

Leur propreté fait plaisir à voir. Le lavage exact donne une couleur qui serait obscurcie par la négligence et la saleté.

Leurs provisions économiques, tant en pommes de terre, poissons secs, lard et bœuf fumé, leur donnent un grand avantage sur les autres nations, à qui il faut des provisions dispendieuses de toute espèce, et qui consomment deux fois plus que la nation hollandaise ; aussi, dans le transport des marchandises, un vaisseau hollandais coûte, pour parcourir un espace égal, quelquefois moitié moins ; d'ailleurs, quand le vent est bon, ils avancent beaucoup plus vite par leur légèreté.

Un malheureux matelot, condamné à passer la nuit entière attaché au mât d'un bâtiment étranger, à l'ancre à une lieue de Rotterdam, probablement à la suite d'un jugement du conseil de ce vaisseau, eut si grand froid qu'il mourut, jetant des cris affreux.

Leur propre[té]

Provisions économiques.

Peu de dépenses dans le transport des marchandises.

Un matelot criminel mort de froid.

Vaisseau d'Amérique pour emmener les émigrants.

Tous les ans un grand vaisseau américain arrive à Rotterdam ; il jette l'ancre à deux milles de cette ville, pour emmener aux États-Unis tous ceux qui désirent s'y établir ; pour les attirer à bord, ils sont leurrés des promesses les plus flatteuses et les plus chimériques, et souvent par des divertissements : nourriture, vin, danse, rien n'est épargné pour engager les malheureux, trop crédules, à s'expatrier.

Fondations par les marins à leur retour.

Les Hollandais, heureux dans leur voyage des Indes, fondent, à leur retour, des établissements pour les pauvres, des hôpitaux, des lieux de repos pour la vieillesse, des écoles pour les enfants sans ressources, et pour les orphelins. Chaque religion a fait des sacrifices étonnants pour venir au secours des malades et des affligés.

On voit avec plaisir les orphelins de chaque religion conduits le dimanche, par des chefs de maison, chacun à leur église. Ces jeunes gens sont bien vêtus, ont des boucles d'argent à leurs souliers ; ils se font surtout remarquer par un extérieur sage et honnête.

Des ministres de l'homme déchu s'emparèrent de toutes ces sources de bonheur, et les pauvres enfants, abandonnés, mouraient de faim.

On fit à ces hommes de très humbles représentations sur la misère de ces malheureux enfants ; mais ils répondirent qu'on allait faire un régiment de ces enfants, pour amuser le roi de Rome. A la suite de cette belle idée, ils firent partir pour la France cette petite troupe désolée, que la maladie et le désespoir fit périr en partie, et l'on fut contraint de renvoyer l'autre mourir de faim dans ses foyers malheureux. Je les ai vu repasser à Senlis : mon cœur éprouva la sensation la plus douloureuse et je ne pus retenir mes larmes.

C'est un Zélandais qui, le premier,

trouva l'invention de la pêche aux harengs, ainsi que de leur salaison, et fit par cette découverte, une immense fortune. Ce poisson est effectivement d'une grande ressource.

Ce chef enrichit une nombreuse famille, et tous les ans il donnait à déjeûner à ses enfants. Il avait pour habit une veste moitié fil et moitié laine, un vieux chapeau et une culotte de même étoffe, avec deux boutons en argent à la ceinture, et aussi larges qu'un écu de six francs ; deux boutons du même métal au col de sa chemise, et deux autres de buis à sa veste. Son repas consistait en pommes de terre, harengs à toutes sauces, même en harengs crus : cette espèce se sert à toutes les tables hollandaises. Ce hareng se coupe par petits morceaux, et donne de l'appétit comme les anchois. J'en ai mangé avec plaisir.

Le chef, assis au milieu de la table,

leur tient ce langage : » C'est par cette » économie, et de cette manière, que » j'ai acquis une grande fortune ; c'est » avec cette sobriété que je vous ai » rendus heureux. « Le déjeûner fini, le maître va reprendre son costume d'usage, et fait préparer à sa famille et à ses amis un repas où règne le plus grand luxe et où tout est donné avec cœur et profusion.

Il y avait plusieurs maisons en Zélande où il y avait une porte d'or qui ne servait qu'aux mariés et aux morts.

L'on connaît l'histoire de l'empereur de Russie, qui, désirant voir une riche maison en Zélande, s'y présenta ; mais la maîtresse de la maison lui refusa l'entrée. Heureusement son mari arriva ; mais elle ne lui permit d'entrer qu'en prenant les pantoufles d'usage pour parcourir sa maison.

La Bourse de Rotterdam, bien située, est un très bel édifice.

Langage du Zélandais.

La poste aux lettres n'est pas superbe, mais les lettres y sont déposées en sûreté, et celles qui ne sont point réclamées sont exposées derrière des vitres, de manière à les reconnaître facilement. Les postillons, qui pour la plupart sont à cheval, ont une trompette à la boutonnière, et annoncent leur arrivée au son de cet instrument.

Lorsqu'on veut publier quelque chose, un homme, tenant un petit chaudron de cuivre suspendu par un anneau, le frappe avec un petit bâton de buis, lequel donne un son très aigu.

Je m'entretenais un jour au café avec quatre jeunes gens, d'une heureuse physionomie et fort bien vêtus : en entrant, ils demandaient au garçon du feu, du tabac, une pipe, et un petit verre de genièvre. Ces jeunes gens étaient un quart d'heure sans parler, disaient un mot, et fumaient : ils ne prirent autre chose que ce petit verre ;

Entretien de l'auteur avec des Hollandais.

ils avaient l'air de penser et de réfléchir, comme leur père. Je leur demandai leur occupation ; ils me dirent qu'ils apprenaient à faire du vin, ce qui me parut étonnant dans un pays qui ne produit aucun raisin. Je m'informai alors de la manière, et j'appris qu'avec du vin d'Anjou ou autre, ils mêlaient du lait de beurre ; mais j'ignorais absolument les autres mixtions. Ce que je puis dire, c'est que j'en ai bu d'excellent, en différentes maisons, que ce vin était clair et très bon, et qu'il ne m'a jamais fait de mal.

Tous les jours de marché, je voyais arriver, chez ces marchands de vin, deux ou trois barriques de lait de beurre.

Les bourses hollandaises à ressort et bordées d'argent massif, étaient d'usage chez les femmes du commun. Une couturière avait dans sa bourse une paire de ciseaux, à manche en argent, un dez d'argent, un autre dez long, à jour des deux bouts, pour le petit doigt ; une casserolette en argent, avec une éponge à odeur ; une tabatière en argent ; tous ces objets s'inventoriaient lors de leur mariage. Lorsque des quêtes ont lieu, on n'entend que ressorts de bourses faire grand bruit.

Dans chaque maison, chaque enfant à sa cassette, dans laquelle on laisse tomber les pièces par une ouverture : tous les parrains et marraines, les amis, le père et la mère, mettent les présents dans ladite cassette, conservée précieusement, et dont l'ouverture ne se fait que lors du mariage ou dans le plus grand besoin, les parents regardant ce dépôt comme sacré.

Les pères et mères ont toujours dans leur poche une corde garnie de gros nœuds, pour corriger sur-le-champ les enfants pris en faute.

Les chèvres sont d'un grand usage

pour les enfants : elles sont attelées à une petite voiture à quatre roues ; et, dans une promenade publique, on en voit plus de cent chargées d'enfants. J'en ai vu d'attelées, dont une seule traînait deux cents livres de lait, qu'elle conduisait à la ville.

J'allais à un quart de lieue boire du lait sortant de la vache ; ce qui me surprit, ce fut d'en voir dans la prairie plus de quarante qui partaient du haut pour venir auprès du vacher se faire tirer chacune à son tour, sans changer leur rang ni déranger les autres.

Les anguilles sont en si grande quantité, que j'en ai vu tirer des canaux plus de quarante d'un seul coup de filet.

Ceux qui sont logés sur le bord des canaux, s'amusent agréablement à la pêche, qui est rarement infructueuse.

Le froid et l'humidité font tant d'impression, que la plupart des vaches sont couvertes de toiles dans les prairies.

Etant un soir invité à souper, je me trouvai chez un riche protestant avec un ministre de sa religion et un rabbin. La dame de la maison me fit l'honneur de me prier de dire le *Benedicite*, ce que je fis en bon catholique. Le ministre protestant mit sa figure dans son chapeau, et le rabbin se balança pendant son long *Benedicite*. Le souper fut très brillant ; les chefs de maison enchantés, et les trois invités contents et parlant gaîment ensemble ; le jeune ministre protestant et son épouse, très prévenants à mon égard, vinrent me conduire, à deux heures après minuit, à ma maison. Il me pria d'aller chez sa dame, pendant son voyage de mer, ce qui a lieu envers les pasteurs, qui ne peuvent exercer leurs fonctions curiales avant qu'ils n'aient fait un voyage de long cours, soit avec la flotte ou autrement.

Il me promit que, lorsqu'il saurait en mer sa destination, il m'en ferait part ; mais je n'eus aucunes nouvelles de lui ni de son épouse.

Plusieurs officiers français, et l'adjudant du général, sachant que je partais pour la France, voulurent me régaler avant mon départ, ce que j'acceptai, ayant grand plaisir à parler de ma patrie, en pays étranger.

Désirant donc revoir ma patrie, je me décidai à partir ; j'en fis part à mes hôtes, qui furent saisis de mon départ, et me firent mille instances pour me retenir ; mais rien ne put m'arrêter, et ma bonne et pieuse hôtesse se jeta sur la voiture dans laquelle j'étais, comme pour la retenir, en poussant des cris qui m'attendrirent, le père et la petite fille montèrent avec moi, et passèrent en bateau à l'auberge où nous soupâmes tous les trois, témoignant chacun à son tour, le regret de notre séparation. Le lendemain matin je montai en voiture pour la France.

J'avais pris la précaution d'obtenir de la Convention un passe-port très en règle, dont la demande fut faite par un membre de Rotterdam, qui demanda une passe pour Jean-Baptiste Ouvrard, négociant, qui allait en France pour y vendre ses marchandises et acheter des biens nationaux. Le président demanda *si le citoyen était un homme probe, et qui ne fût pas dans le cas de se compromettre ou les Etats*. Le membre répondit le plus avantageusement possible, et même fit l'éloge du demandeur. Alors j'obtins sur-le-champ cette passe pour la France.

L'auteur, reconnaissant des services et de la loyauté généreuse des Hollandais, partage leur joie présente, et sensible à leur bonheur, leur fait cette petite adresse :

» Je vous ai laissé, chers Hollandais,

» dans les plus fortes angoisses, sans
» travaux, sans commerce, et votre
» nombreuse population livrée à la
» misère et au désespoir, pressée en
» un mot de toutes les manières. Quels
» vœux n'ai-je pas faits pour votre
» soulagement et votre bonheur ? Moi-
» même, naguères, exposé aux caprices
» du tyran, avec quel plaisir je vous
» vois respirer en joie et en prospérité,
» sous le gouvernement d'un roi juste,
» doux et paisible, et désirant le bonheur
» de tous ses sujets !

» Son départ fit votre désolation, et
» excita les plus cuisants regrets ; vous
» versâtes même, dans cette cruelle
» amertume, des larmes de sang ; mais,
» quelle différence aujourd'hui ! votre
» prince, ou plutôt votre roi, par sa
» présence, a changé, a effacé jusqu'au
» souvenir de vos malheurs. Votre
» pays, qui, par sa position et son peu
» d'étendue, se trouvait conquis et re-

» conquis par les différentes puissances
» en guerre, se voyait forcé à s'allier à
» l'une ou à l'autre, et de se soumettre
» à des contributions énormes. Mais,
» aujourd'hui, ce royaume, un des plus
» florissants de l'Europe, tant par son
» étendue, sa population, que son vaste
» commerce, ne sera plus le jouet des
» potentats ; un peuple nombreux et
» aguerri, sous le commandement d'un
» roi qui est allié à toutes les puissan-
» ces de l'Europe, et plus particulière-
» ment à l'empereur de Russie, dont la
» princesse fait le plus grand honneur à
» la Hollande ; votre pays, dis-je, livré à
» tous les genres de commerce, à l'agri-
» culture et aux arts, n'éprouvera dé-
» sormais aucune persécution, et jouira
» en paix de toute sa liberté, et d'une
» félicité qui lui est assurée.

» Il me semble voir dans tous vos
» ports une multitude innombrable
» d'ouvriers, les uns pour le radoub des

» vaisseaux, les autres pour leur cons-
» truction, pour leur chargement et
» déchargement, en un mot occupés à
» tout ce qui est relatif au commerce
» de mer.

» Il me semble, dis-je, voir ces beaux
» et magnifiques bâtiments, ornés de
» figures élégantes, sculptées avec art,
» peintes et dorées admirablement,
» arriver au port, et entrer majestueu-
» sement dans les canaux avec les car-
» gaisons les plus riches.

» Les uns venant des Indes occiden-
» tales, des Antilles et de Saint-Eus-
» tache, etc.

» Les autres des Grandes Indes, de
» Paliacate, de Malacca, de Ceylan et
» du Tonquin.

» D'autres partant pour Achem, Java
» et Batavia, le centre du commerce
» des Grandes Indes ; cette ville su-
» perbe, tirée au cordeau, bâtie par
» les Hollandais ; cette ville, entourée

» de tant de petits rois, a tant de valeur,
» qu'ils se font honneur de votre alliance
» et de votre protection !

» Que le ciel vous conserve, brave
» nation, qui m'avez accueilli avec tant
» de bonté : qu'il donne de longs jours
» à un roi grand et courageux, et à son
» illustre famille, et vous rende heu-
» reux :

» Ce sont les vœux d'un Batave qui
» eut l'honneur de vous être associé, et
» d'un Français reconnaissant, qui est
» et sera toujours avec attachement,
» votre très humble serviteur,

OUVRARD DE LA HAYE,

Docteur de la Faculté de droit de Paris.
Propriétaire à Senlis. »

Départ pour la France.

Départ pour la
rance.

Je montai dans une voiture pour
Anvers, mais dans le trajet l'on est
contraint plusieurs fois de descendre,

de s'embarquer pour prendre terre, et de marcher sur des levées pour remonter en voiture. Les malles et paquets des voyageurs sont portés par des hommes qui vous attendent exprès, mais il faut les suivre de près, ou les arrêter lorsqu'ils vont trop vite, vu qu'ils se dérobent quelquefois à l'œil du propriétaire, qui ne les revoit jamais : après tous ces passages, je montai définitivement dans une voiture à deux chevaux, qui allait grand train. A deux lieues d'Anvers, j'aperçus plusieurs militaires qui occupaient la grande route ; je demandai à mon postillon hollandais ce que voulait dire ce rassemblement ; il me répondit que c'était la barrière où l'on examinait les malles et les paquets, mais en donnant, avec les clefs que l'on présente pour ouvrir les malles, un double florin, ils ne feraient pas grande recherche ; j'avais grand peur qu'on aperçut mes équipages anglais, et autres effets dont l'entrée en France était prohibée.

Arrivant donc à cette barrière, les commis me demandèrent si je n'avais rien, dans mes malles, de défendu par le gouvernement : je répondis qu'on trouverait mes habits d'uniforme et les équipages de mes chevaux ; ils me regardèrent, et me voyant en uniforme, ils refermèrent mes malles en me faisant politesse : rendu à Anvers, je présentai ma passe à la mairie, où je fus très bien reçu, et où on me délivra une permission de passer ; je soupai et couchai à Anvers, et le lendemain matin je passai l'Escaut, et arrivai à l'île, où je pris la voiture de l'Eclair, avec trois dames émigrées, à qui je fis part de mon état.

Jactance d'un citoyen français. Un citoyen en uniforme, avec un grand sabre, monte en chemin ; il se plaça à mes côtés et me demanda si j'étais Hollandais : « Oui, citoyen, lui dis-je, je suis maître d'escrime et d'équitation. » Il fut un moment très aimable, mais voyant sortir d'une église plusieurs femmes, il dit que ces gueuses de dévotes venaient sûrement de la messe de quelque prêtre réfractaire, et que s'il en rencontrait un il lui passerait son sabre dans le corps, jusqu'à la garde. « Savez-vous faire des armes, citoyen, lui dis-je en le regardant ? — Non, citoyen, me répondit-il. — Ces prêtres français en savent faire, et vous couperaient la moustache comme il faut : du reste, que viennent-ils faire dans un pays qui les déteste ? — Il me paraît que vous êtes un vrai patriote ? — En Hollande nous le sommes tous ; mais qu'avez-vous fait contre les aristocrates ? — J'en ai poursuivi et tué plusieurs, et les religieuses n'avaient pas beau jeu avec moi : j'ai fait des visites domiciliaires la nuit, où je faisais presque mourir de peur ceux que je traînais dans les prisons. » Je dis alors, voilà ce qu'on appelle un bon patriote français, et qui mérite récompense. Quelle place avez-vous en France ? — Je suis dans une municipalité. — Quel est le produit ? — Huit cents livres par an, me répondit-il. — Parbleu, lui dis-je, cela fait une belle somme, pour un citoyen qui s'est sacrifié pour le bonheur de son pays : je vous estime, et je vous ferai avoir une place chez M. Izabelle, pour la fourniture des chevaux : c'est mon ami ; cela vous vaudra, de fixe, 2,400 francs, et autant pour le tour du bâton, soit en nourriture, soit en prix de chevaux, soit en maladies ou en équipages ; vous aurez soin de vous faire donner des quittances du double par les fournisseurs, afin de vous mettre en règle pour vos comptes à rendre : un citoyen probe et courageux comme vous mérite un meilleur sort. » Jugez combien ces dames riaient intérieure-

Le révolution-
aire trompé.

ment ; il ôta son chapeau et me pria de lui rendre service ; alors ces dames se joignirent à lui pour me demander cette faveur auprès de M. Izabelle ; je le lui promis, et tirant de ma poche mes tablettes, je lui demandai son nom et sa municipalité, à quoi il répondit fort respectueusement. « Sous quinze jours, lui dis-je, vous aurez de mes nouvelles, et peut-être la place. » Cet homme, enchanté, voulait me donner à dîner, mais je lui répondis que j'avais promis à ces dames de dîner avec elles. Lorsque nous fûmes montés en voiture, l'après-dîner, ayant quitté cet enragé, jugez du plaisir que nous eûmes à nous rappeler la conversation du matin, et la protection que je devais lui accorder.

Arrivé à Paris, je me fis conduire chez Mme Gouttans, à l'entrée de la rue des Marais, faubourg Saint-Martin, à qui Mme Leroux, femme du consul, avait dû écrire, pour me recevoir, mais cette

Mon arrivé
Paris.

dame, n'ayant reçu aucune lettre d'avis, ne voulait pas me recevoir, ne se souciant pas de loger un militaire étranger, qu'elle ne connaissait pas ; je la priai de me loger seulement une nuit et que le lendemain je chercherais un logement ; elle me l'accorda à la fin, en m'enfermant dans ma chambre, étant seule avec sa nièce dans la maison : le lendemain, m'étant expliqué avec elle, de façon à ne lui donner aucune inquiétude, j'y restai plusieurs mois. A mon arrivée à Paris, j'allai trouver mon ambassadeur hollandais, à qui je présentai ma passe de la Convention, et à qui je demandai à rester pendant trois ans, tant pour mon commerce que pour acheter des biens nationaux, ce qu'il m'accorda ; et désirant, pour ma santé, prendre l'air en campagne, je trouvai une pension près de Château-Thierry, où, comme Hollandais, je faisais société avec les gens du pays, et surtout avec un juge de paix, mon voisin, qui était fort honnête, et son épouse aimable. Les officiers français qui arrivaient, en congé, de la Hollande, venaient me voir comme Hollandais, et je leur donnais des lettres de recommandations pour des Hollandais.

Enfin, je passai fort agréablement le temps dans ce pays. Un jour, cependant, que deux maires étaient réunis chez une dame qui m'estimait beaucoup, on en vint à parler sur mon chapitre : ils dirent qu'on aurait dû porter mon passe-port au département et qu'il y aurait punition contre un maire qui souffrirait un étranger sans cette formalité. Comme cette conversation avait lieu à la suite d'une orgie, qui eut lieu à l'occasion des vendanges, nos deux maires, la tête encore un peu échauffée, ne s'en tinrent pas là : cet Hollandais, disaient-ils, parle trop bien le français pour nous en faire accroire.

Il est bon de remarquer que le jour même de cette orgie, douze prêtres venaient d'être arrêtés ; et je n'étais pas sans inquiétude. Je fus pourtant un peu rassuré : un juge du département passe ; il soupait chez mon maître de pension : tranquillisez-vous, me dit-il ; si vous êtes arrêté, réclamez-vous de moi. C'était M. De la Croix, homme estimable et bien pensant. Ne voulant pas m'exposer aux risques d'une inquisition injuste, je me décidai à partir pour Paris. Je fis donc venir mon maire, pour lui montrer mon passe-port, afin de le rassurer, et je lui en demandai un pour parcourir la France, à raison de mon commerce. Il le fit, attestant ma bonne conduite dans sa mairie, et certifiant que j'avais toujours vécu en bonne intelligence avec toute la commune et dans le pays. Me voilà donc dans la diligence de Château-Thierry, partant pour Paris !.... Me voilà donc de retour chez madame

Gouttans !.... Mais, hélas ! ce fut pour peu de jours, car on l'avertit que l'on devait faire chez elle une visite nocturne domiciliaire. Forcé de déloger à sept heures du soir, je m'adressai à madame Fichers, avec qui j'avais été en société avant la Révolution, et qui tenait magasin d'indienne près l'hôtel de la Force, dans cette belle maison qui fait angle à la rue Saint-Antoine et à l'hôtel de la Force ; mais, grand dieu ! quelle position, pendant trois nuits que j'y demeurai : j'entendais des carrosses arriver avec des prisonniers, d'autres repartir, et frapper à grands coups à la porte, avec ce fatal marteau : des gendarmes, à leur arrivée à la porte, faisaient grand bruit et le jour et la nuit. Ne pouvant tenir à un pareil tapage, je me décidai à partir ; mais, madame Fichers, avant de la quitter, me pria de lui prêter 300 fr., ce que je ne pus lui refuser, et dont j'ai encore le billet.

Fort inquiet de ma position, j'eus re-
recours à un banquier de ma connaissance, qui me dit qu'un de ses amis
avait son épouse attaquée de folie, et
que, faisant le médecin, je pourrais
être en pension chez lui. Ce moyen
nous réussit ; et, pour n'être pas gêné,
ni pour l'inspection de la police, ni pour
monter la garde, je donnai 6 fr. à la
portière, afin qu'elle ne me porte pas
sur son livre : la bonne femme le fit
avec plaisir. Ennuyé de cette malheureuse position, car j'avais à souffrir de
la légèreté et du dérangement de cette
femme, je fus trouver un monsieur qui
me devait 1200 fr. Il demeurait et man-
geait chez M. Talleyran, ministre des
affaires extérieures, à qui je fis part de
mon embarras, étant tenu, comme
étranger, de me présenter tous les six
mois à la police, et risquant d'être re-
connu des commis, dont plusieurs
étaient de mon pays. Cette enragée ca-

naille, jalouse de voir un déporté sur ce sol, m'aurait dénoncé, et, malgré ma qualité, sans droit et sans forme, les monstres m'auraient fait guillotiner !... Ce monsieur, chez qui j'allais souvent, et qui m'offrait le jour un asile, avait chez lui, pour l'instant, un monsieur qui me conseilla de faire faire une fausse carte de sûreté, qu'alors je pourrais aller sans crainte par toute la France. J'eus bientôt trouvé un homme capable de cette entreprise ; je lui promis vingt-deux louis, s'il voulait me fournir une carte de sûreté sous le nom de Michel Lépine de Tours, et me faire recevoir dans une municipalité. Aussitôt sa carte faite, il me fit entrer dans un cabaret, parla avec un membre de municipalité, qui était de moitié : il me dit de le reconnaître lorsque je serais entré dans la municipalité, et de m'adresser à lui, qu'il me donnerait une vraie carte de sûreté ; mais, à peine avais-je mis le pied à la porte, voilà que j'entends dire : *arrêtez cet homme ;* et l'on se jette sur lui sur-le-champ : *il a des papiers faux.* Que faire, en ce moment de crise ?..... Sortir : j'étais arrêté !.... Entrer : je courais le même risque !.... Dans cette perplexité, il n'y avait point à balancer, je me décide donc : j'entre..... me voilà sur un banc en face de mon homme, qui, débarrassé de la foule, me demanda ce que je voulais ? Je lui présentai ma carte fausse, qu'il trouva bonne. Il me dit de passer dans une petite chambre qu'il me montra, pour avoir du papier *ad hoc ;* mais quelle fut ma surprise, d'y voir un homme à figure jaune et maigre, me demander sérieusement mon nom et si j'étais véritablement le citoyen Lépine ? Je lui répondis que c'était mon vrai nom et celui de mon père. Alors il ouvre un grand livre, ayant des rubans attachés à chaque lettre alphabétique ;

et vérifia s'il ne trouverait point mon
nom au rang des proscrits. Heureusement il ne trouva rien, et me demanda
cinq sous pour son papier. Enfin j'eus
ma nouvelle carte, et je sortis heureusement. Ces messieurs sortirent presqu'aussitôt, pour avoir mes vingt-deux
louis ; mais je leur dis que je les don-
nerais lorsque je serais assuré d'en
avoir une à la municipalité de Bondy,
ce qu'ils acceptèrent, et attendirent le
résultat de mon opération. D'abord, les
membres de cette municipalité me demandèrent mon nom et ma demeure :
je leur répondis que je me nommais
Michel Lépine, et que ma demeure était
rue Grange-aux-Belles, n° 24. Ils me
demandèrent mon âge : je leur dis que
j'avais soixante ans passés (ce que je
dis pour n'être pas obligé de monter la
garde). Ils me dirent qu'il n'était pas
possible, et que je paraissais plus jeune
qu'eux, qui n'avaient pas cinquante ans ;

mais je leur répondis que mon père, à quatre-vingts ans, était vermeil comme une rose, et que ma mère avait l'air d'une jeune femme bonne à marier. Ce propos les fit rire, et ils se mirent en devoir de me fabriquer une carte. Je les trouvai si bien disposés, que je les priai de me donner une carte civique pour assister aux assemblées : ils me dirent que j'en aurais une, à condition que je ne nommerais ni prêtres, ni nobles. Je le leur promis ; et, sortant de la municipalité, je trouvai mes deux faussaires qui attendaient avec impatience mes vingt-deux louis. Je les donnai, et de ma vie je n'ai revu ces deux êtres.

Quelques jours après, je me trouvai à dîner avec M. Menard de la Groie, membre de la Convention, mon ami, et qui fut nommé premier juge de la Cour d'appel d'Angers, à qui je comptai mon aventure. Il me dit que j'avais été bien heureux d'en être quitte à si bon marché, vu que l'on venait d'arrêter et de mettre en prison un prêtre de Tours qui portait le même nom.

J'occupai ma maison rue Grange-aux-Belles, ayant un très bel appartement ; mes hôtes étaient d'honnêtes gens, que je visitais souvent, et qui ayant fait connaissance avec des filous, dont ils ne se défiaient pas, furent invités par eux à aller à l'Opéra, et qu'ils avaient des billets pour les premières loges. Ils y furent ensemble ; mais, pendant ce temps, des complices de ces voleurs, qui connaissaient la maison, les déménagèrent entièrement : tout fut pris, linge, argenterie, etc. A leur retour, avec leurs prétendus amis, ils se virent malheureux. Ces amis supposés y prirent grande part, et leur dirent que s'ils voulaient leur céder la maison, ils s'en chargeraient : ce qui fut convenu ; et moi, qui, goutteux, dans mon lit, ignorant le tout, devins le locataire de

Danger de mon logement chez les fripons.

ces fripons, j'entendais constamment les voitures arriver et repartir ; et, le jour, des hommes et des femmes rire et faire des orgies, sans me douter de rien. Heureusement, la femme qui faisait mon appartement fut avertie par une dame qui demeurait en face. Elle lui dit qu'il était bien malheureux, pour un honnête homme, de se trouver aussi dangereusement placé, et que la maison était devenue un lieu de débauche. Au récit de cette femme, la nature fit sur moi un effort : je me lève, m'habille, et va faire visite à mes voisines, leur disant que ma location étant trop chère, ne l'ayant prise que pour des gens qui m'avaient promis de payer le loyer et l'habiter, je me trouvais dans l'impossibilité de payer un loyer si cher, et que je les priais de l'afficher, vu que je n'y pouvais plus rester. Elles me répondirent que je serais obligé de payer le terme en entier. Je ferai mon possible, leur dis-je, pour vous payer, tâchant de trouver cette somme en cent bourses. J'eus bientôt payé le terme ; et, avant de partir, je saluai ces dames, et donnai à la maîtresse un très beau mouchoir anglais, pour adoucir mon départ, et je partis. Le sieur De Lépine, fier de sa qualité et de sa liberté, fut se loger au passage du bois de Boulogne, dans un modeste appartement, au sixième étage, pour la somme de 150 fr. En arrivant, je donne 6 fr. au portier, je lui fais présent d'un chapeau, et je l'engage à ne pas m'inscrire sur son livre ; enfin, nous convenons que, si l'on venait en visite dans la maison, je passerais pour son parent, venu de la campagne, et n'étant à Paris que pour quelques jours.

Désirant passer la belle saison à la campagne, je demandai à mon portier s'il ne connaissait personne auprès de Paris qui pût me loger et me procurer

Logé chez savetier.

un jardin : il m'enseigna un savetier,
retiré, riche, bien meublé et brave
homme. Il me donna une lettre de recommandation, et je partis pour Vil-
liers-le-Bel. J'arrive à sept heures du
soir, c'était dans l'été ; je présente à
ce monsieur ma lettre de protection :
il me reçoit avec plaisir. Je lui demande s'il peut me loger chez lui et me
prendre en pension ? Il me répond que
lui et sa femme vivraient avec moi, et
que chacun y serait pour un tiers.
J'acceptai cette proposition.

Son épouse était au jardin : je lui
demandai de quel pays il était ? Je suis
d'Ypres, me dit-il ; alors je lui nommai
plusieurs personnes qu'il connaissait,
ce qui lui fit plaisir. Et de quel pays
est votre femme ? — Elle est de Basse-
Normandie, me dit-il, près d'une abbaye
que l'on nomme Savigny. A son arrivée,
je la saluai, et lui demandai si elle avait
connu Dompt-Liegard, abbé : elle me

regarda, et demanda à son mari si j'étais un de ses parents. Je lui répondis que je n'avais pas cet honneur ; que mon père était commis aux aides, à Mortain, et que je n'étais pas du pays ; mais que j'avais passé plusieurs jours à l'abbaye. Elle me dit qu'elle avait été domestique chez M. Delaunai (ce monsieur était mon parent).

Je fis marché, avec mon nouvel hôte, pour apprendre à raccommoder des souliers : il me demanda 7 fr. pour mon apprentissage ; et, dès le lendemain, on me prépare un tire-pied et la manique : j'apprends à passer une soie au fil à coudre ; on me présente une pantoufle pour y coudre la semelle, je m'en acquitte assez mal. Je cessai bientôt ce travail, qui était trop dégoûtant ; néanmoins, je passai toujours pour être savetier. Un jour, passant pour aller à la promenade d'Ecouen, un ouvrier m'accoste, et me dit : Citoyen, voyez l'état du soulier que vous m'avez raccommodé. Je regardai son soulier, et je lui dis : vous travaillez au plâtre, et c'est ce qui use le ligneret et le cuir. Apportez, demain, votre soulier, et mon bourgeois ou moi nous le raccommoderons pour très peu de chose.

Je m'occupais au jardin ; je faisais des cadrans, gratis, pour les uns et les autres ; je faisais des cartes géographiques. Je fus un jour prié par madame Maïos, ma laitière, de lui faire une journée, pour vendanger. Je le lui promis ; et, courbé pour couper les grappes, la servante du maire, me voyant simplement vêtu et vieux, me disait constamment : Citoyen, portez ce panier dans la hotte. Me voyant constamment accablé par cette vachère, je la quittai pour aller auprès de la fille du maire qui était pieuse et aimable : je lui dis qu'il y avait de la cruauté à la laisser seule au pied d'une

vigne, et que je lui demandais la permission de vendanger à ses côtés. Cela
lui parut agréable et nous parlâmes à
notre aise : elle me dit que, pour mon
état, elle me trouvait un air, un langage
et des expressions peu communes. Nous
soupâmes chez madame Maïos, comme
il est d'usage en vendange : j'eus pour
elle beaucoup d'attentions pendant le
service de table, et nous nous quittâmes
à regret. On voulut me payer la journée ; mais je la refusai sans hésiter, et
elle m'apporta un panier de raisin pour
mon salaire. Je vivais fort tranquillement à la campagne lorsque le maire,
accompagné d'un adjoint et d'un tambour, arrive un dimanche, monte à ma
chambre, et me demande ma carte ; il
me demanda aussi qui j'étais : je lui
répondis que j'étais un vieux rentier,
et que je demeurais à Paris, mais que
j'habitais depuis quelque temps la campagne, chez ce citoyen, pour y passer

Visite du maire et du tambour.

une partie de l'été. Ils se contentèrent de mon exposé et se retirèrent avec honnêteté. Dans cette paix champêtre, je vivais assez heureux, éloigné des bruits et de l'agitation de la capitale, lorsque je reçus une lettre de ma municipalité, qui me demandait pour venir à ma cure.

Je courus sur-le-champ chez M. Goujon, maire, pour avoir un passe-port pour plusieurs départements ; et son aimable demoiselle, ma vendangeuse, pressa son père de me donner mon passe-port que j'obtins de suite.

Départ de Paris par la diligence. Porteur de cette pièce, je partis pour Paris ; et, le lendemain, je pris la diligence de Mayenne, quoiqu'elle eût été dévalisée quatre jours avant, ce que j'avais vu dans le journal ; mais le désir de revoir mon pays me fit librement partir seul dans cette diligence. Arrivé à quatre lieues d'Alençon, huit à dix militaires, un officier et son épouse, montèrent, les uns sur la diligence, et les autres dedans, pour la protéger au passage de là forêt, et plus loin.

Etant dans la voiture, j'entendis parler la dame avec un accent flamand. Je lui demandai de quel pays elle était, vu que je connaissais son langage ? de Dixmude, répondit-elle. — Connaissez-vous, lui dis-je, madame Salmon ? — Oui, monsieur. — C'est ma nièce, chez qui j'étais à Bruges. Elle fut enchantée de parler de son pays. Je demandai à son mari, s'il était Français, et quel était son pays ! Il me répondit qu'il était de Rûne, près Domfront. Je lui dis que je connaissais M. de Rane et M. de Montreuil de Nully, et que j'allais souvent les voir ; je lui demandai s'il avait servi dans la cavalerie, et nous parlâmes chevaux et équitation à notre aise ; la conversation tomba ensuite sur les armes, et nous raisonnâmes sur toutes les positions, dégagements et parades. Il me dit :

êtes-vous dieu ? êtes-vous diable : de ma vie je n'ai rencontré pareil homme ! vous raisonnez sur tout, vous connaissez tous les pays : vous êtes l'oncle de madame Salmon, dans la Flandre ; vous connaissez tout ce qu'il y a de distingué dans mon pays : je désirerais être auprès de vous, et vous être utile : où allez-vous ? Je lui dis que j'allais à Ernée. Il me dit que le commandant de cette ville était son ami, me donna son nom, et m'assura que je pouvais le réclamer, si j'en avais besoin ; mais qu'il désirait bien savoir mon nom. Je m'appelle Michel Lépine, de Tours, lui dis-je. Nous nous quittâmes à Pré-en-Pail,

Arrivé
à Mayenne.

et je continuai ma route pour Mayenne, distante de ma paroisse de sept lieues.

Rendu à Ernée.

Je partis en poste pour Ernée, où j'avais une jolie maison, que ma mère était venu habiter, pour éviter les deux partis qui désolaient le pays et son habitation. Ma mère, en me voyant, tomba comme morte, et fut longtemps sans revenir, ne m'attendant nullement : je fus le premier curé qui vint reprendre sa cure. Je trouvai heureusement, sous ma remise, mon carrosse et mon cabriolet, tandis que tous ceux de la ville avaient été volés ; mais j'étais un être privilégié, disait la ville d'Ernée. Trois jours après, mon maire, et trente de mes habitants, vinrent à cheval à ma rencontre ; ils étaient très joliment montés. Je partis, à la tête de ma petite compagnie, traversai gravement la ville, et me rendis à Fougerolles, lieu de ma naissance et de ma cure. Descendu de cheval, je monte en chaire ; je saluai mes paroissiens, et la multitude de voisins qui étaient venus de tous côtés pour me voir. Je leur témoignai le plaisir que j'avais à les revoir, et le désir de remplir mes fonctions avec zèle et amitié ; que la paix existant aujourd'hui, tous les partis devaient se

Arrivée à m[a] cure.

réunir, et que je serais l'ami de tous mes paroissiens, sans en excepter un seul. Je n'eus effectivement aucun reproche à faire, et je vécus dans la plus grande paix et intimité avec tous. Ma paroisse était grande et j'avais autrefois trois vicaires : il fallut remplir seul la tâche de réhabiliter les mariages, rebaptiser, etc. Je fis revenir d'Allemagne un de mes vicaires, celui qui m'avait suivi en Angleterre, et que, par suite, je plaçai dans la Hollande. Cet ecclésiastique zélé me seconda grandement : ma paroisse était si étendue, que souvent il me fallait trois chevaux pour porter les sacrements partout où j'étais appelé : le premier était pour moi, le second pour mon domestique, et le troisième pour le sacriste. Ce train épuisait ma bourse ; mais il fallait secourir les pauvres : il m'en coûtait plus de 1500 francs par an ; eh ! que paraissait cette somme modique distri-

buée entre deux cents malheureux !...
Je ne voulais cependant rien pour mon
ministère. Ce travail dura trois ans,
pendant lesquels j'arrangeai ma petite
fortune. Je fis venir, devant le juge de
paix, ma famille, pour la faire convenir
qu'elle n'avait fait que régir mon bien, Rentré dans propriété.
et que j'avais toujours été propriétaire,
quoiqu'il fût dit, par un contrat passé
devant notaire, que je le leur avais
vendu ; ce qu'ils avaient souscrit par
un billet, dont j'étais encore porteur.
Ils y consentirent librement. Aussitôt,
bravant la goutte, et la fièvre qui venait
de m'attaquer, je me décide à partir
pour Paris, après avoir résilié ma cure
à mon vicaire, qui était estimé et aimé
de tous les habitants.

La nuit même de mon arrivée à Fougerolles, un propriétaire vint à ma
porte vers minuit : il était en chemise,
et jetait des cris affreux, me priant de
faire partir la gendarmerie ; car il y

avait dans sa maison, disait-il, dix-huit à vingt voleurs ; qu'il avait percé son toit, et sauté sur un tas de paille pour se sauver. La gendarmerie arrive et ne trouve plus rien : ils avaient tout volé. La pacification venait de se faire, et les mauvais sujets se réunirent et firent des bandes dangereuses. Il y en eut plus de douze arrêtés et condamnés, les uns aux galères, les autres à la peine de mort.

Je trouvai pour domestique de ma mère, un sous-officier, surnommé *Brise-Bleu*, né dans ma paroisse, et que je pris à mon service. Il était inexorable contre les troupes de la république et de Buonaparte ; il mettait à contribution tous les révolutionnaires, et avait protégé la maison de ma mère pendant la révolution : je lui appris à monter à cheval, et il est aujourd'hui gendarme. Ce brave homme était pour le Roi et les honnêtes gens.

Parti de Mayenne, pour Paris, je me rendis heureusement à ma maison du faubourg du Temple ; et là, croyant trouver la paix et le bonheur, je trouvai, au contraire, une ville livrée à tous les désordres : chaque jour des publications, ou d'inquisition ou de meurtres, ordonnés par le tyran : on ne trouvait qu'espions, qui supposaient le faux pour obtenir le salaire de leur perfidie. Désolé de la politique infernale qui dominait dans cette ville, et de la mort du duc d'Enghien, prince justement regretté, l'espoir de la maison de Condé, dont j'appris le triste sort par des soldats qui avaient été commandés pour cette cruelle exécution, et qui gémissaient et juraient contre leurs chefs, d'avoir été les instruments involontaires de la mort de cette malheureuse victime.

Un autre jour, j'appris aussi la mort de Pichegru ; une autre fois, le coup manqué de la machine infernale et les poursuites qui eurent lieu, de manière à faire arrêter bien du monde, dans les cafés, dans les hôtels, dans les cabarets, les voitures publiques et autres lieux.

Trop sensible à toutes ces inquisitions et cruautés, je me décidai à habiter la province, et mes vues se portèrent sur Senlis, ville agréable et tranquille, et surtout attachée à l'ancien gouvernement, remplie d'honnêtes gens, dont la société m'a toujours été précieuse.

Depuis quatorze années que j'habite cette ville paisible, je n'ai éprouvé aucune contradiction ni désagrément, et j'ai toujours vécu en paix et union avec toutes les classes de la société, et surtout avec mes confrères, qui, dans un âge avancé, font l'impossible pour remplir avec zèle et exactitude les fonctions d'un pénible ministère.

J'ai seulement eu une grande agitation au passage des troupes, dont le nombre excessif, et la différence de langue, causait des désagréments; mais, heureusement, je parlais hollandais, et mon cocher, qui est allemand, me seconda essentiellement dans ces passages, où j'avais quelquefois vingt personnes et seize chevaux dans un jour ; enfin, j'ai logé et nourri, pendant ce temps, cinq cents hommes et deux cents chevaux ; mais je l'ai fait sans murmurer, puisque toutes ces troupes m'avaient ramené un roi que je désirais, et dont la présence fait mon bonheur.

La plus grande peine de ma vie, fut le départ de Sa Majesté pour Gand !... Ce départ, trop sensible à mon cœur, y porta la désolation ; et l'arrivée de l'usurpateur y mit le comble !... Livré au désespoir, je n'eus d'autre ressource que de prier le Très-Haut de protéger le passage de mon Roi et de le ramener dans son royaume. Dans cette angoisse, priant le Seigneur, je trouvai à l'instant ma consolation en prononçant les paroles du *Credo*, où il est dit : *Et iterum venturus est, cum gloria, judicare vivos et mortuos, cujus regni, non erit finis.* Je disais, *et iterum venturus est,* et il viendra une seconde fois ; *cum gloria,* avec gloire ; *judicare vivos :* il viendra, dis-je, juger ceux qui vivent pour Dieu, pour leur Roi, l'honneur et la patrie ; *et mortuos,* il viendra juger, suivant la loi, ceux qui sont morts à la religion, à l'humanité et à l'honneur ; ceux qui se sont baignés dans le sang du juste et de l'innocent, ceux enfin qui ont traîné à l'échafaud, et fait mourir le plus pieux, le plus doux, le plus juste et le plus humain des rois, et qui, par leurs excès et cruautés, ont désolé leur patrie.

Manducaverunt Joseph, et desolaverunt locum ejus, cujus regni, non erit finis, et le règne des Bourbons ne

cessera, sera toujours cher à la France,
et fera sans cesse son bonheur.

A la rentrée de Sa Majesté dans son
royaume, je m'écriai, du fond de mon
cœur :

> O mon prince, ô mon roi,
> Trop cher à ma patrie,
> En me donnant la loi,
> Vous me rendez la vie.

Quel bonheur, en effet, de vivre sous
un régime doux et modéré, sous des
lois basées sur des principes de justice
et d'équité, émanées d'un Roi qui s'in-
téresse au bonheur de ses sujets, et
dont les actions sont marqués au coin
de la prudence, de la modération et de
l'humanité ! Quel bonheur, pour moi,
à l'âge de soixante-dix-huit ans, constamment attaché à mon Roi et à la Famille Royale, tant en France qu'en
pays étranger, de voir tous les bons
Français, comme un essaim d'abeilles,

se réunir autour de leur roi et lui adresser, de toutes parts, leurs vœux et leurs hommages ! Les miens sont sans bornes, et ne cesseront jamais ; ils sont manifestés et consignés, tant chez les trois ministres de l'intérieur que dans mon *Manuel d'équitation et de géographie, etc.*, de 1817.

Mon unique bonheur était de revoir mon Roi : je l'ai vu dans son palais ; et, versant des larmes d'hilarité, j'ai dit, je suis heureux, et je mourrai content.

DE L'AGRICULTURE

L'Agriculture est l'origine, la base et le bonheur d'un État : plus elle est florissante, plus il a de ressources et de bonheur ; tout le monde convient de cette vérité. Il est donc essentiel de chercher tous les moyens de l'accroître et de la faciliter, ce qui peut se faire par la connaissance des terres, de leurs qualités, par la manière de les cultiver, par de nouvelles méthodes, par des constructions de machines propres à améliorer la culture, à l'accélérer, à la rendre moins dispendieuse et plus abondante.

Beaucoup d'inventions, utiles et précieuses, ont eu lieu, tant en France qu'en Angleterre, en Suisse, en Allemagne et autres lieux. L'on a vu des charrues de toutes espèces, des semoirs adaptés à ces charrues ; on a vu dernièrement une machine, traînée par un cheval, laquelle laissait tomber la semence exactement, et à des distances égales, et recouvrant la semence avec précision. Cette machine, d'une charmante invention, fut apportée par un riche propriétaire génevois ou suisse, et produisit les meilleurs résultats. Je fus témoin de l'effet de cette machine, à Senlis, en 1816 ; mais, malheureusement, l'on tient à ses anciennes habitudes et usages ; il est bien difficile de les changer et d'en introduire de nouveaux, quoique plus précieux.

L'on voit encore des pays où les mêmes habitudes, quoique imparfaites et mêmes vicieuses, n'ont pas changé depuis l'origine du labourage.

Dans certains pays, la culture du

sarrasin n'a éprouvé ni changement, ni amélioration, depuis l'origine de sa plantation.

C'est pour améliorer la culture de cette plante, si chère à mon pays, que je me propose de donner l'invention d'une machine, qui, en soulageant l'espèce humaine, diminue singulièrement le nombre des bras que l'on a coutume d'y employer et qui ferait le bonheur de la classe faible et malheureuse.

Cette pénible agriculture, dont je viens de parler, a lieu dans une grande partie du département de la Mayenne, dans une partie du département de la Manche, et dans celui d'Ille-et-Vilaine.

Ayant été, pendant vingt-deux ans, le triste témoin de ce pénible labourage, et, né dans ce pays, j'ai réfléchi cent fois sur la manière de venir à leur secours, et j'avais l'idée de l'invention d'une machine que j'aurais mise à exécution sans cette cruelle révolution qui m'a forcé de quitter mon pays et la France. J'en avais le plan dans ma tête, lorsque je fus sur le point de passer en Russie, et comptais en faire usage dans cette contrée ; mais, décidé à y renoncer, à raison de la dureté du climat, je fixai ma demeure en Hollande. De retour en France, je fus plus occupé à me dérober à l'œil persécuteur du tyran qu'à m'occuper d'un travail qui m'était cher, à la vérité, mais impossible dans son exécution, n'ayant ni la même liberté, ni la même fortune.

Libre, aujourd'hui, et dans ma pensée et sous un gouvernement qui m'est agréable, je hasarderai mon invention, n'ayant d'autre but que le désir de soulager les malheureux et me rendre utile à la société.

Il est à remarquer que ces cantons ne vivent, pour ainsi dire, que de pain, galette et bouillie de sarrasin.

Un laboureur, qui sème un arpent de

seigle, un arpent d'avoine, sème ordinairement trois arpents de sarrasin ;
mais, malheureusement, cette plante
éprouve des malheurs, soit par la grande
humidité dans sa récolte, soit par la
sécheresse, par la chaleur, la pluie et
le grand vent ; ce qui désole le cultivateur, depuis quelques années, au point
qu'un sac coûtait quatre-vingts francs,
vu l'habitude et le besoin de cette den-
rée, et quoiqu'il fut si cher dans ces
départements, il ne se vendait, dans le
département de l'Oise, que dix-sept à dix-
huit francs le sac, remarque précieuse
pour alimenter ces cantons par le commerce de ce grain, dont le transport,
quoique dispendieux, joint au prix du
grain de ce pays, n'est point en proportion avec le prix de quatre-vingts francs.

Ces peuples sont tellement accoutu-
més à ce genre de nourriture qu'il
serait impossible de les en détourner.
Lorsqu'on leur représente qu'ils s'épui-

sent dans cette culture, qu'ils perdent souvent leur temps et leur semence, et que cette nourriture est plus dispendieuse, eu égard à la quantité de pain que l'on dépense, par comparaison à celle de seigle et de blé : l'on mange, en effet, le double de sarrasin, contre le simple en pain de seigle, ce qui est constaté par l'expérience journalière. Ils répondent que cette nourriture fait leurs délices, que le pain rôti s'amalgame si bien avec le lait de toute espèce, et avec le cidre, qu'il n'y a rien de comparable, à leur goût ; que leurs pères, leurs femmes et leurs enfants ont toujours vécu de ce pain, et qu'ils y ont trouvé l'agrément et la santé : *Patres nostri manducaverunt manna in deserto et salutare sunt.*

C'est, en effet, une manne agréable pour ces colons.

Il est donc impossible de les détourner de cette habitude.

J'aurais cependant à me reprocher, si je cherchais à détruire entièrement l'usage de cette espèce de grain, qui réellement est précieux aux naturels du pays, tant pour eux que pour leurs enfants à la mamelle, vu que la bouillie faite avec de la farine de sarrasin se digère plus facilement, ne nuit jamais, et est préférable à celle de blé, qui, trop visqueuse, sort de la bouche de l'enfant, en se filtrant, et ne la retient qu'avec peine dans son estomac, qui très souvent ne peut tenir à la surcharge.

D'ailleurs, tous les naturels du pays, de toute classe, sont élevés de cette manière, et l'expérience constante prouve que cette farine, par sa chaleur douce et bienfaisante, réchauffe l'estomac et facilite la digestion.

Les hommes, femmes et enfants, qui en font usage, sont très vigoureux ; ceux des pauvres, qui ne vivent que de ce pain, même sec, croissent et deviennent très forts et actifs. Les vieillards, les femmes enceintes, les convalescents, en mangent, chaud ou froid, le matin ou le soir sans en être incommodés.

D'ailleurs, cette semence est tellement échauffante, que, pour donner du courage aux chevaux, et aux autres animaux, on leur en mêle en petite quantité avec leur avoine, même pour décider les femelles à la propagation.

Je désirerais donc persuader aux habitants de ces différents pays, non de renoncer entièrement à cette culture, mais de la réduire à une moindre portion de terre : ce qui leur serait plus avantageux, faciliterait et adoucirait leur travail, et leur procurerait un plus grand avantage.

Peut-on, en effet, ne pas s'intéresser à ces honnêtes gens, laborieux, courageux et sobres, qui n'ayant jamais abandonné leur Religion, leur Roi et la Famille Royale, comme ils l'ont prouvé constamment, en versant courageusement leur sang pour elle et leur patrie, et ne pas chercher à leur être utile ?

Comme cultivateur, et curé pendant vingt-deux ans dans ce pays, et toujours attentif au bonheur et à l'avantage de mes paroissiens, j'ai réfléchi, tant sur la manière pénible de leur labourage, que sur les maladies qui ont eu lieu à la suite de cette opération, et qui n'ont donné que trop lieu au plus pénible ministère ; je me suis décidé à mettre au jour mon invention.

Manière d'opérer dans ces cantons.

Les terres, après trois récoltes, sont abandonnées, les unes pour l'herbe, les autres pour y laisser croître des genêts. On les y plante, si bon semble, ainsi que les joncs-marins ; lesquelles sont laissées pendant quatre à cinq ans sans culture, ce qui est un grand abus, vu que l'on pourrait les ensemencer en sainfoin, luzerne-trèfle, ou autres plantes qui bonifieraient la terre et donneraient au laboureur des fourrages abondants, et d'autant plus précieux dans ce pays que le foin y est très rare.

Pour mettre en culture les terres reposées pendant quatre à cinq ans, et qui, pendant ce triste repos, foulées par les pieds des animaux qui y sont toute l'année, et qui, à l'ardeur du soleil, précipitent leur marche, de manière à les endurcir et les rendre, pour ainsi dire, impénétrables, on a recours à des fossoirs, dont suit la construction.

Défrichement des Cultivateurs de ces pays.

PREMIÈRE OPÉRATION

On emploie alors le fossoir, instrument de dix à onze pouces de large, et d'un pied et demi à peu près de long, bien garni d'acier, et ayant un manche de trois pieds à trois pieds et demi de longueur ; et, au moyen de cet instrument, horizontalement fiché en terre, on enlève une superficie égale à la largeur et longueur de cet instrument. La terre doit être retournée, par ce mouvement : la superficie en dedans, et la terre en dehors. Cette opération faite, doit se répéter sans cesse dans les terres reposées en herbe ; mais, les ouvriers étant rares, vu la dureté de ce travail, et exigeant une nourriture et boisson dispendieuse, dont ils ont vraiment besoin pour résister à ce pénible travail, les colons, d'ailleurs, étant contraints de payer chèrement les ouvriers, rares pour cette opération, sont souvent contraints d'y employer leurs enfants, de treize ou quatorze ans, leurs femmes, et même leurs filles.

Ce défrichement se nomme *bécher à*

motte. Il faut, pour un arpent, au moins dix hommes : jugez de la dépense que cela occasionne, et des maladies qui sont presque toujours la suite de ce pénible travail, lesquelles sont de toutes espèces : fluxions de poitrine, pleurésies, faiblesses intérieures, point de côté, inflammations, etc. Plusieurs meurent à la suite de ces maladies : les ayant assistés constamment de mon ministère, je me suis assuré de la cause de leurs maladies, et j'ai su par ces malheureux que l'excès seul de ce travail les avait réduits à ce fâcheux état.

Après cette première opération, on laisse les mottes retournées, la terre au soleil, afin de les faire sécher : on les assemble ensuite sur des petits tas de paille ou de genêts, ou de bruyères, auxquels on met le feu, ce qui exige une réunion considérable d'individus, tant pour allumer que pour rassembler et retourner les mottes tombantes, et reporter du feu aux tas éteints ou à moitié brûlés : et si, par malheur, il vient un orage, il faut laisser sécher, et recommencer cette opération, ce qui double la dépense.

On étend ensuite les cendres avec des pelles, ou charrue ; on laboure, on sème, et on rabat les raies avec des houettes, au lieu de hercer, ce qui abrégerait l'opération et diminuerait le nombre des personnes employées à rabattre les raies.

Quel mal et quelle dépense pour cultiver le sarrasin !

Défrichement
des genêts et joncs-marins.

Il faut d'abord déraciner les genêts, qui, au bout de quatre à cinq ans, sont presque aussi hauts qu'un homme à cheval ; puis, à coups de houettes répétés, attaquer la racine ; ce qui s'opère

difficilement et lentement ; il faut même
souvent deux personnes pour les arra-
cher. On pourrait simplifier cette opération, et la rendre plus facile et moins
dispendieuse, par le moyen d'une machine en forme de charrue, dont le soc
serait applati, la pointe allongée et
coupante, à laquelle on mettrait des
bœufs ou des chevaux ; ensuite, brûler
et labourer : ce qui abrégerait l'opération.

Réflexions sur ladite culture.

Quel suc peut avoir une terre épui-
sée par la nourriture constante des
genêts et joncs-marins, qui en couvrent
exactement la superficie, et s'opposent
à l'air, aux brouillards, aux pluies, aux
neiges, en un mot à tous les éléments
propres à fertiliser la terre ?

Quant aux champs abandonnés à
l'herbe, quel suc peut-on attendre d'une

terre desséchée pendant quatre ans par le soleil, durcie par la marche constante et précipitée des animaux, de manière à la rendre, pour ainsi dire, semblable à un chemin fréquenté, et devenant, comme je l'ai dit ci-dessus, impénétrable à toutes les influences des éléments.

Si, au lieu de cette culture qui leur donne une mauvaise paille, peu propre à faire de bon fumier et inutile pour la nourriture des animaux, ils ensemençaient d'autre grain, ils trouveraient meilleure nourriture et meilleur fumier; mais ils diront qu'ils font du fumier avec des feuilles d'arbres qu'ils ramassent l'hiver; qu'ils en mettent pourrir dans les chemins et pour faire de la litière sous leurs animaux; qu'ils mêlent ce fumier avec de la terre; et, en augmentant le volume, ils trouvent le moyen d'engraisser leur sol; mais quelle espèce d'engrais, qui, sans ce mélange de terre, n'a ni force, ni qualité, ni vigueur pour la végétation !

Ce pays, presque sans paille, ayant peu de foin, sans prairies artificielles, nourrit quantité de bestiaux, dont le nombre n'est point en proportion de la nourriture qui leur est nécessaire, voit dépérir visiblement, et même mourir de besoin ses animaux.

Preuve de ce que je viens d'avancer.

Je suppose une terre ou ferme du pays, ayant trente arpents, dont six à sept en sarrasin, trois à quatre en seigle, cinq en avoine, quelle paille retirera le colon, pour nourrir quatre bœufs, quatre vaches, quatre génisses, trois veaux, deux chevaux et souvent un poulain ? Pour nourrir tous ces animaux, je suppose qu'il retire de ses prairies cinq mille de foin, douze mille de paille : une telle quantité d'animaux ayant lieu dans

les fermes égales à celle énoncée ci-
dessus, peut-elle exister longtemps,
vu que le tout se trouve souvent absor-
bé presqu'avant la fin de mars, de manière à les faire recourir à la paille de
sarrasin, et les force quelquefois à dé-
couvrir leurs maisons? Le tout épuisé,
on en achète à des prix excessifs. Si,
au lieu de faire du sarrasin, après les
défrichements qu'ils ont coutume de
faire, ils semaient du froment ou du
seigle, il viendrait avec abondance et
vigueur. Quelle différence de produit !

Ils représenteraient en vain que leur
terre n'est point propre aux productions
de blé et de prairies artificielles : elles
sont excellentes ; mais, comme je l'ai
dit, les anciennes habitudes l'emportent
sur tout ce qui opère un changement,
fût-il le plus utile et le plus avantageux.

Idée de la construction et composition de cette Machine annoncée ci-devant, à laquelle j'ai donné le nom de Charrue à Fossoirs.

Elle est composée de quatre fortes pièces de bois de trois pieds et demi à quatre de longueur, et de trois de largeur, lesquelles pièces sont liées ensemble par quatre chevilles de fer, qui peuvent s'ôter ou se remettre à volonté. Cette machine doit avoir trois fossoirs, de chacun un pied et demi de large, et un pied huit pouces de long, lesquels seront construits en forme de lancette, ayant un pouce et demi d'épaisseur en haut de la pièce, et se réduiront à un pouce à la pointe.

Chaque fossoir tiendra à une pièce de bois ou de fer, par deux bras qui s'engageront dans ladite barre qui traverse les côtés du carré ; les deux bras de chaque pièce seront ouverts de manière à laisser passer librement la bande de gazon levée par le fossoir ; les bras auront assez de longueur pour que ledit gazon ne puisse toucher à la barre de travers.

Chaque fossoir aura deux coûtres bien coupants, qui fixeront en avant la largeur de la bande de gazon qui doit passer entre les bras du fossoir. Ainsi, les trois fossoirs étant fixés à distances égales, et fixés sur la même pièce de fer ou de bois, on lèvera des bandes de gazon d'une pièce de terre, en très peu de temps et d'un bout à l'autre.

Il y aura un timon adapté à la pièce de devant, et deux bras de charrue à la pièce de derrière, afin de lever, baisser ou appuyer les socs, suivant le besoin.

Il s'agit présentement de couper par morceaux ces bandes de gazon : l'on repousse alors les chevilles de fer, pour démonter la charrue, afin d'ôter l'essieu à fossoirs, et d'en passer en place un qui porte quatre roues coupantes de fer, et la machine, tournée en travers, parcourant les grandes bandes, les coupe et les divise en autant de morceaux, et à la distance que l'on désire, par le rapprochement ou l'éloignement desdites roues, ce qui est très facile à exécuter, en mettant entre des pièces de bois percées, plus ou moins longues, et dans le cas ou les roues n'enfonceraient pas dans le gazon, vu la résistance, on chargerait la machine, pour lui donner plus de pesanteur ; et alors elle couperait plus facilement.

Si donc j'étais assez heureux pour voir exécuter mon plan à l'égard de cette entreprise, qui ne peut avoir lieu que par de grands propriétaires, généreux et humains, qui par leur exemple encourageraient le faible colon à renoncer à un travail trop pénible, pour se livrer à cette manière d'opérer, je ne pourrais apprécier le bonheur et l'avantage de ce pays, qui, comme je l'ai dit, languit et dépérit visiblement.

D'ailleurs cette machine est précieuse pour les défrichements de tous les pays.

Comme mon grand âge de soixante-dix-huit ans ne me permet pas d'exécuter cette entreprise, je prie les membres des Sociétés d'Agriculture de jeter un coup d'œil favorable sur mon invention et de la perfectionner ; ils soulageront l'espèce humaine, rendront un grand service à la société et exciteront la reconnaissance des bons cultivateurs, et surtout de leur très humble serviteur,

L'abbé OUVRARD DE LA HAYE.

A Senlis, département de l'Oise, le 15 avril 1818.

LAVAL. — IMPRIMERIE A. GOUPIL.